La miniature persane

Éditions Verdier
11220 Lagrasse

Youssef Ishaghpour

La miniature persane

Les couleurs de la lumière :
le miroir et le jardin

Verdier/poche

Nouvelle édition revue et augmentée.
La première version de ce livre a été publiée en 1999
aux éditions Farrago.

www.editions-verdier.fr

ISBN : 978-2-86432-570-3
ISSN: 1952-2134

À

Shahrokh Meskoob
Nader Naderpour
Daryush Shayegan

La beauté magique, éblouissante, la splendeur de la miniature persane est celle de la couleur pure. La luminosité des couleurs du visible, leur absolue liberté, leurs finesses et sensibilités délicates, la multiplicité, l'infinité des nuances et leurs harmonies subtiles distinguent les plus belles miniatures persanes des chefs-d'œuvre de la peinture chinoise et occidentale.

Dans la peinture classique de l'Occident, la rédemption de la matière et du monde des phénomènes s'accomplit par leur accession à la forme, à l'idée ; en Chine, avec la relation du plein au vide ; dans la miniature persane, par la transsubstantiation alchimique de la matière en couleurs de lumière. La poudre d'or, d'argent, de lapis-lazuli, d'émeraude et d'autres pierres précieuses sublime la matérialité pour qu'elle ne soit plus que réflexion de la lumière. Les choses dépouillées de leurs scories, de leur part obscure, du poids, du volume et de l'ombre apparaissent comme dans un miroir magique, qui ne réfléchit pas, à sa ressemblance, ce qui est devant lui, mais l'éclaire par une autre lumière et le porte dans un autre lieu, pour le métamorphoser en image d'ailleurs. Le somptueux caractérise cette apparition et le merveilleux en est l'effet et la tonalité.

Cependant l'inouï n'est absolument pas au niveau des choses : il y a, certes, le dragon, l'oiseau Symorgh, les anges et les dives de l'ancienne mythologie des Perses, mais c'est tout ce qui entre dans le miroir magique de la miniature persane qui s'y métamorphose en pure couleur : aussi bien le jardin, le palais, la romance, la fête, la chasse, la guerre des rois, que le trivial d'un bain, d'une construction ou d'un marchand de pastèques. Tout accède à la même splendeur merveilleuse, en apparaissant comme dans le lointain suspendu d'un monde de songe et de conte. Il n'existe aucun drame ; s'il y a parfois la violence et la mort, aucune émotion ou signification, mais un sentiment céleste de détachement, de paix, d'éternité. La beauté de ce jardin paradisiaque n'est pas la manifestation de l'essence des choses, mais leur reflet dans une lumière qui a sa source ailleurs : « C'est grâce à Sa lumière que l'univers s'est vêtu d'une parure de joie » (Gâthâ, VIIIe av. J.-C.).

Il s'agira ici de la « poétique » de la miniature persane, de son « principe esthétique », et nullement d'interprétation iconologique ou de questions d'histoire de l'art qui préoccupent des spécialistes éminents. On y maintient également le terme de « miniature persane » dont l'usage provoque de plus en plus de réticences et « devrait être banni » (Melikian-Chirvani, *Le Chant du monde,* 2008). Ce terme serait inadéquat par rapport à son objet ou, bien pire, péjoratif, réducteur et dégradant. Il est vrai que « le sens du mot "miniature" a de nos jours tellement dérivé du sens originel d'"enluminure" au sens moderne de "modèle réduit" » (Yves Porter, *Peinture et Arts du livre,* 1992) que son rejet peut se justifier.

Mais remplacer le mot, à cause de sa signification courante d'aujourd'hui, par « manuscrits à peinture » ou « peintures de manuscrit » fait disparaître l'aura magique associée à l'idée de la « miniature », au-delà de la couleur, de la figure et de l'écriture. La « peinture persane » serait aussi un concept trop vaste, incluant indifféremment divers supports et pratiques : l'art mural, la tapisserie, la céramique, les tableaux à l'huile de tout genre, les boîtes laquées peintes, les rouleaux (les « rideaux » des « conteurs publics »), etc. L'invention récente d'un terme de pure souche, *negârgari,* englobe non seulement toutes ces diverses pratiques, mais, avec les métaphores attachées au mot *negār* (image, écriture, idole, aimé, sans exclure le sens proche de *negār*, vision), on entre, au-delà des difficiles implications de la question de l'« image » en Islam, dans le domaine néoplatonicien des mystiques, qui n'est certes pas sans rapport avec les miniatures persanes, mais les dépasse largement et pourrait aussi bien évoquer des images en tout genre. On ne peut simplement employer, non plus, le terme d'« enluminure ». Parce que l'« enluminure » proprement dite, dans la sphère iranienne, est un mode d'ornement de manuscrit, à base d'éclat et de couleur, dépourvu d'image : à commencer par de magnifiques copies du Coran, ornées de « splendeurs persanes », de motifs abstraits, géométriques et floraux.

En Occident, la « miniature » ornant les livres, ou bien sur des objets, et surtout en forme de médaillon, a effectivement le sens « diminutif » de réduction, de rapetissement. Dans les livres, les scènes peintes sont dérivées de, ou pourraient être retranscrites en, peinture murale. Quant aux médaillons, qu'ils aient ou non la dimension du pendentif, ce sont des portraits ou d'autres motifs de petite taille. À propos de la « miniature à l'occidentale », Henri Focillon a parlé justement de « vertige de la réduction », parce qu'on imite, dans l'enluminure, la représentation illusionniste de l'espace ou les techniques de la peinture de chevalet.

Tandis que « même agrandie aux dimensions d'un tableau, la miniature [persane, dit Henry Corbin] reste miniature », comme on a pu le constater avec des affiches de plusieurs mètres carrés, agrandissant un simple détail, à l'occasion de l'exposition parisienne *Le Chant du monde,* en 2008 au Louvre. Dans la « miniature persane » – et c'est pourquoi on maintient ici le terme – « la petitesse, la délicatesse, la finesse » sont des caractéristiques formelles essentielles et fondamentales, non pas l'effet de la réduction de ce qui pourrait aussi bien avoir une forme monumentale.

À cause de ses modalités d'existence, l'une des grandes créations picturales du monde est restée un art secret, parce qu'il s'agissait d'« enluminures » de livres précieux destinés à un cercle étroit de privilégiés. Seul un petit nombre de rois, de princes, de gens de cour et ensuite de collectionneurs et de bibliothécaires a pu feuilleter ces livres précieux. Après avoir été transportés de cour en cour, de campement en campement, de ville en ville et même de pays en pays, à cause des guerres, des troubles et des changements dynastiques, ils sont aujourd'hui dispersés dans plusieurs bibliothèques et collections. Ils ne peuvent être exposés en permanence et même il n'est guère possible, sans détruire les volumes, d'exposer plus d'une double page à la fois. Ainsi, et par la force des choses, ce que, en général, on croit reconnaître comme la « miniature persane » n'a qu'un rapport très lointain avec ce qui fait la grandeur de cette peinture. Exactement, comme si on réduisait la peinture classique occidentale à des kilomètres de tableaux exposés dans tous les musées de province de l'Europe, là où l'essence de cette peinture ne se révèle que dans ses chefs-d'œuvre.

Il est vrai qu'on a pu voir, depuis quelques années, de plus en plus d'expositions de « miniatures persanes ». À cause de ce que l'on peut, en un certain sens, considérer comme une « catastrophe ». Le chef-d'œuvre absolu des manuscrits à peinture iraniens : le *Shah nameh* (le *Livre des rois,* 1010, la grande épopée iranienne) de Shah Tahmasp, a été démembré et vendu en folios, par son dernier propriétaire, Houghton, comme cela s'était passé, au début du vingtième siècle, avec l'un des plus beaux livres enluminés du monde qu'on n'appelle plus, du nom de son dernier possesseur, le *Shah nameh* de Demotte, mais *Le Grand Shah nameh,* ou *Le Shah nameh mongol* ou *Le Shah nameh de Tabriz.* Cependant, dans les deux cas, la « catastrophe » a eu lieu parce que des institutions publiques avaient refusé, en trouvant le prix trop élevé – comme si ce genre de chose avait un « prix » –, d'acheter les livres : le Metropolitan de New York, à Demotte ; et le directeur de la Bibliothèque nationale de Téhéran sous le shah d'abord, et ensuite la République islamique, à Houghton. L'auteur de ces lignes doit reconnaître néanmoins que sans ces « démembrements », comme des centaines de milliers de spectateurs à travers le monde, il n'aurait jamais eu accès à ces peintures et n'aurait rien vu de la miniature persane.

La miniature persane n'est donc pas une image miniaturisée, ni simplement un ensemble d'histoires et de motifs iraniens, mais une vision et une esthétique propres. Une miniature d'un *Khamseh* de Nizami, peinte à Chiraz en 1410, pourrait servir d'emblème et d'introduction à l'ensemble : *Bahrâm Gour dans la chambre aux sept portraits.* Le héros est là, à gauche, accompagné d'un suivant, et deux autres suivants sont à droite de l'image. Derrière ces figures, le mur intérieur d'une tour haute est partagé en sept sections, couronnées par des coupoles de diverses couleurs. En haut, dans chaque section, sur un fond blanc, se voit le portrait de l'une des sept princesses du conte habillées de couleurs différentes ; un peu plus bas, sur le fond blanc, mais comme parsemé maintenant d'étoiles ou de fleurs rares, sept tapis ornent le mur, et encore plus bas, sur un fond devenu de faïence bleue aux motifs géométriques, des tentures de couleurs et de décorations différentes sont suspendues au-dessus des fenêtres par lesquelles entre une lumière d'or. Plus bas encore, des grillages font transition vers une bordure de faïence aux dessins plus grands de motifs floraux, pour séparer le mur et le plancher qui descend afin de marquer abstraitement la distance entre le mur et

Bahrâm Gour et ses suivants, debout des deux côtés d'un bassin au premier plan.

On sait que, dans « ce qui est l'une des œuvres les plus sophistiquées de la littérature mondiale d'image et d'ambiance, Nizami présente des événements de la terre comme métaphysiquement pleins de sens et symboliques du domaine supérieur auquel l'homme appartient par les désirs ardents de son âme » (von Grunebaum). Il s'agit des sept sphères célestes et des sept étapes du voyage mystique sur le chemin de la connaissance divine. Mais ici, rêveur, Bahrâm Gour regarde les images : les sept princesses deviendront ses fiancées pour lesquelles il construira sept palais de couleurs diverses, où, dans d'autres miniatures, il passera chaque jour de la semaine pour s'entretenir d'une histoire différente. Cette miniature est donc une image à propos d'autres images. Il s'agit du désir et du rêve qui naissent des images ; et de l'identité, grâce au miroir de l'image, entre ici et une autre réalité ; et de l'indifférenciation, dans le monde de l'image, entre la figure et l'ornement. En cela consiste la « magie » de la miniature persane : une intégration réciproque de l'image et de l'ornement, et un désir que l'image engendre et qu'elle comble en même temps.

La miniature persane est de l'art pur. Malgré sa fonction d'enluminure de livre, son effet dépend d'elle-même et non du texte qu'elle accompagne : elle fascine et éblouit tout un chacun en tant qu'image, indépendamment de toute finalité ou signification qui lui seraient extérieures. Son mode d'existence, dès l'origine, est entièrement esthétique et non religieux : il suffit, par différence, de penser à l'adoration de l'icône byzantine et à la portée généralement religieuse de la peinture occidentale contemporaine de ces miniatures.

Sans doute les œuvres d'art ont toujours des implications « métaphysiques ». Il existe ainsi un véritable « culte de la beauté » dans la miniature persane. Selon la pensée mystique qui attribue la beauté à Dieu et considère le monde comme le miroir où celle-ci se reflète, une telle image réfléchie se révèle dans les miniatures. L'image dans le miroir est « subtile » : irréelle et immatérielle, elle est surtout ailleurs, non dans un espace, mais dans un monde d'essence lumineuse. Cette image, qui ne relève d'aucun rituel ni d'une liturgie ou d'une pratique d'extase, n'est pas celle d'une chose ou d'une forme parmi les choses du monde, mais celle de leur éclat, dans la mesure où celui-ci est le miroir d'une lumière d'une autre source. Mais comme l'unique vision sensible du paradis qui soit possible apparaît seulement dans le conte, aussi prégnant soit donc le culte de la beauté, dans cette peinture, c'est d'une beauté purement esthétique et libre qu'il s'agit. Son enchantement magique se résume à l'infini de son charme profane, sans rien de propitiatoire.

La fascination et le merveilleux de la miniature persane proviennent d'un entre-deux : le mythique et le mystique dont elle procède, tout en s'en différenciant, et la fable ou le trivial transformés en « ineffable ». Mais ni le mythique ni la fable ne sont, dans cette peinture, des réalités effectives : ses images constituent l'ouverture imaginaire d'un monde de rêverie et de songe. Il n'y existe pas d'événement, quelque chose qui aurait une présence actuelle, mais de purs gestes, ce qui s'est déjà accompli dans un ailleurs aux perfections intemporelles : un monde suspendu et immatériel de couleurs lumineuses. La miniature persane est pourtant très proche tout en étant inaccessible : cette unité apaisée des contraires résulte d'une coprésence de détails réalistes et de l'ornement pur. C'est pourquoi l'aspect anecdotique et quotidien, au lieu d'en diminuer la magie, ajoute à son charme. La dimension « enfantine », qui ne consiste pas seulement dans la miniaturisation de tout, naît d'un jeu infini de l'imagination, induit par l'image, sans égard à une quelconque « réalité ». Avec la miniaturisation, tout semble à notre disposition, même le plus lointain, et pourtant c'est cela même qui se renverse, et c'est le plus proche et l'empirique même qui apparaissent dans l'aura magique et merveilleuse de l'ailleurs du miroir et d'un lointain inaccessible. À la limite, cette « aura » magique seule importe et – aussi scandaleux que cela puisse paraître aux regards d'érudits – le sujet d'une miniature persane est totalement indifférent.

Certes, dans les ateliers, les miniatures faisaient partie d'un tout qui, à chaque fois, constituait le livre, allant du choix du poète et de l'œuvre à copier jusqu'à la matérialité de la reliure. L'emplacement dans le volume, la page même, les éléments ornementaux du papier, l'écriture graphique et le texte interféraient donc nécessairement avec l'expression picturale qui ne peut en être séparée. Si la miniature persane ne naît pas, comme la peinture de paysage chinoise, du mouvement de pinceau et des techniques de la calligraphie, ces peintres iraniens se devaient d'être aussi des experts calligraphes : « La rigidité présumée de cette formation aurait conditionné les peintres et expliquerait, entre autres choses, la précision de leur dessin, les contours nettement exprimés, les couleurs clairement séparées et toujours vives, la lisibilité de tout ce qui est montré » (Oleg Grabar, *La Peinture persane,* 1999).

Les peintures ne sont cependant pas des « illustrations » de texte. Si elles s'en inspirent, elles les interprètent : invention, disposition, synthèse imaginaire de plusieurs moments et composition propre sont communes aux miniaturistes persans comme aux peintres occidentaux d'histoire. Néanmoins, l'importance qu'on tend à accorder habituellement au « texte » diminue lorsqu'on compare les différentes copies d'une même œuvre poétique sorties d'ateliers distincts : les épisodes choisis ne sont pas identiques, et même si plusieurs miniatures se réfèrent à un seul épisode et à un seul passage du texte, les images sont tellement différentes les unes des autres que leur indépendance par rapport au texte devient évidente. Les miniatures dépendent d'une vision et d'un monde de métaphores créés par les poètes iraniens et devenus la substance de l'âme persane. C'est ce monde dans son ensemble qui reste essentiel et non la signification iconologique que l'on peut trouver à telle scène ou à tel détail, avec le risque d'oublier les qualités de l'œuvre. Devant la peinture en général, et pas seulement devant la miniature persane, le recours à l'érudition, et la possibilité d'égrener des récits et des significations, deviennent rapidement un secours, là où devant la puissance picturale – ce pourquoi il s'agit de peinture et non de récits et de significations mis en image – comme devant toute œuvre d'art véritable, on doit reconnaître sa perplexité et son étonnement. Le « charme », au sens magique du terme, de la miniature persane agit infiniment : l'image fascine et éblouit du fait qu'elle se suffit à elle-même.

Chaque image possède ses propres motifs, ses nécessités de composition et de couleur, en accord avec la scène, mais qu'il s'agisse d'une image de romance, comme les innombrables *Khosrow voyant Shirine au bain,* ou bien de guerre, comme dans cette autre peinture où l'on voit le sang jaillir du cou tranché d'un cavalier, encore sur son cheval, tandis que sa tête a roulé déjà sur le sol, l'effet surprenant de la miniature est exactement le même. Cette peinture n'est pas véritablement le lieu d'une action, ni d'un sens ou d'une interprétation de l'action mise en scène : en dehors du sentiment d'émerveillement devant la beauté de l'image qui reflète un monde dans sa perfection, il n'existe aucune expression d'idée ou de sentiment quelconque. Le drame, le pathétique, l'émotion sont absents : les combats sanguinaires n'inspirent ni terreur ni pitié ni dégoût, et les ruines, avec leur idée d'impermanence, ne diminuent en rien la splendeur et la beauté du tout. Et c'est le « tout » qui importe : le paysage, l'architecture, les animaux, les tapis, les fleurs et les vêtements, bref le monde dans tous ses détails et non telle action ou événement qui sont en eux-mêmes dépourvus de substance. Dans la miniature persane, toute chose a perdu sa gravité, en même temps qu'elle a perdu son volume, sa matérialité, son ombre pour être transsubstantiée en couleur de lumière. Comme dans le conte, toutes les choses, réconciliées pour l'éternité, sont bien telles qu'elles sont dans leur singularité, et le mal n'a pas d'existence effective. Parfaite dans son sens et parfaite pour les sens, la miniature persane crée un royaume enchanté, le monde merveilleux du jardin magique et de la terre des songes.

L'événement ne constitue qu'un élément dans l'ensemble. On ne distingue aucune hiérarchie de signification et tous les détails sont d'importance égale. Ainsi l'expérience immédiate d'une miniature consiste en une dispersion du regard attiré par une infinité de détails, tandis qu'une harmonie intrinsèque maintient subtilement et fermement l'unité ornementale du tout. Ce double mouvement perpétuel du regard, qui implique le temps et l'annule, crée le sentiment fascinant, mais comblé, de quelque chose d'inépuisable. Les plus belles miniatures étonnent comme une gemme et non parce qu'elles sont la scène d'une histoire. C'est pourquoi le désordre d'une action multiple et bruyante, qui risque d'imposer le sens d'une actualité présente, détruit la paix et la sérénité inhérentes à la vision lointaine et paradisiaque de l'accompli.

Il s'agit de la narration ne cherchant pas, par principe, à créer l'illusion mimétique d'un être en acte, qui aurait un effet sur le présent du spectateur et le spectateur un effet sur lui. Peut-être faut-il évoquer un terme, difficilement définissable, mais courant en littérature persane : *hikâyat,* quelque chose entre le récit et le conte, dont l'élément narratif est annoncé et énoncé, qui est de la fiction, sans être de la pure fantaisie comme le sont *Les Mille et Une Nuits* par exemple, tout en ayant une sorte de prégnance comme une entité suffisante et brillante par elle-même, pour être source de méditations inépuisables, indépendamment du sens précis, ésotérique, moral ou mystique, qui s'y attache. « Il était une fois », énonçant l'existence d'un sens en général, s'inscrit dans chaque miniature et constitue sa principale teneur qui exige de laisser l'image déployer sa puissance merveilleuse, sans y chercher une « réalité » à laquelle elle ne prétend d'aucune façon. Le merveilleux de la miniature persane fait sourire de bonheur, il n'a pas les caractéristiques modernes d'un fantastique ou d'un imaginaire opposés à ce qui serait vraisemblable et rationnel. Ces oppositions sont nées d'un désenchantement du monde, là où l'enchantement de la miniature englobe toute réalité dans une tonalité impondérable du songe. Le merveilleux, ici, est la fête de la lumière et de ses couleurs, c'est la création d'une beauté raffinée, prodigieuse et féerique comblant tous les désirs comme par « enchantement », et qui engendre un sentiment de vive admiration mêlé d'étonnement. On reste « le doigt aux lèvres » de surprise, ce qui est en Orient le signe de l'étonnement admiratif, comme on le voit chez beaucoup de personnages dans les miniatures elles-mêmes.

S'il y a parfois, dans les miniatures, des figures en posture de spectateur, « le doigt aux lèvres », affirmant ainsi le caractère mirifique, étonnant, de ce monde, c'est d'un émerveillement interne qu'il s'agit, d'une fermeture sur soi de l'univers de la miniature. Ces figures restent en elles-mêmes objets d'intérêt comme tout ce qui les entoure et ne deviennent jamais les déléguées de ceux qui les regardent de l'extérieur.

La miniature persane n'offre pas à la contemplation du spectateur, comme certaines peintures chinoises, la possibilité de se porter là-bas dans le paysage pour y devenir ce poète lettré et solitaire qui y chemine, pèlerin contemplatif de la nature. Il n'existe aucune invite, ni de possibilité sentie ou imaginée, à entrer dans l'ailleurs absolu de la miniature. Elle n'est pas, non plus, comme la peinture européenne « classique », disposée devant le spectateur dont le regard constitue le lieu d'ancrage, le point de constitution de l'espace du tableau. La miniature persane se passe entièrement de toute référence au spectateur. Elle ne se donne pas à sa contemplation, comme le paysage chinois, ni à son intelligence comme la peinture classique occidentale, elle séduit le spectateur, le ravit à lui-même par sa beauté, par le luxe et le raffinement portés à l'ineffable : le spectateur n'est pas dans l'image, ni devant elle, mais fasciné par les images d'un univers de songe, qui l'enchantent, le captivent, le charment, l'apaisent et le consolent.

L'essence ou la « substance » de l'univers, c'est la lumière, non l'espace ou la matière, comme dans la peinture occidentale. Par conséquent, il n'y a pas non plus de « profondeur » : le temps. L'existence du monde s'effectue par la densification de la lumière que sont les couleurs : ainsi le monde existe et, par ses couleurs, se rend visible. C'est une irréalité suspendue. La profusion des détails et l'organisation ornementale de tout engendrent la magie de cette suspension.

La fascination du spectateur est à la mesure du temps accompli et suspendu de la miniature qui confère à toute chose la légèreté pure et éthérée d'un monde sans pesanteur et d'un espace tout autant accompli, sans présence actuelle, indépendant du regard mais comme l'épiphanie de la vision et du visible. Cet espace, frontal dans son essence comme l'intemporalité de son temps, intègre et implique la vue surplombante, d'en bas, d'en face, de côté, en une visibilité absolue et générale, où toute chose, sans distance ou hiérarchie, possède la même évidence et la même échelle de grandeur où qu'elle soit située par rapport à la surface. Celle-ci s'affirme grâce au « format vertical », mais exclut, contrairement à la peinture chinoise, toute différence de présence et d'intensité entre le proche et le lointain. L'absence de « perspective » n'empêche pas une construction rigoureuse. Dans une luminosité égale, sans modelé et sans ombre – une luminosité qui a décanté la part obscure et palpable du monde, jusqu'à l'air corruptible et l'atmosphère changeante, jusqu'aux effets nocturnes des cieux remplis d'étoiles –, les choses apparaissent dans le miroir de la lumière et du visible, qui s'imposent au regard, et pas du tout selon l'aspect immédiat qu'elles pourraient lui offrir. Ce miroir est le lieu de rencontre entre la lumière et le visible : l'espace dont la profondeur ne quitte la surface que pour y reconduire le regard. Plus les choses s'éloignent, plus elles montent, dirigeant le regard vers le haut pour le ramener de nouveau à la surface, au besoin en y inscrivant un texte.

Les pages blanches de certains livres sont comme tachetées de petits coups de pinceau doré, et c'est à partir de ce « non-où » de la lumière qu'apparaît l'image. Elle se situe en relation à un cadre, dont aucun bord, sauf la base, ne s'impose à elle de manière coercitive. Presque toujours vertical, comme le livre, le cadre n'a pas de configuration fixe et peut intégrer différemment des textes, ou être débordé par l'image qui continue, sans égard au cadre et au texte. Car cet autre lieu premier, imaginaire, de l'image n'est pas défini, déterminé, construit, à partir d'un cadre : il est fini-infini, fermé-ouvert – d'un « équilibre mobile sans commencement ni fin » (Léo Bronstein, *Space in Persian Painting,* 1976). Un espace dont tous les points se valent, parce que le tout est dans le tout et non pas dans une partie privilégiée.

Le pouvoir du centre vient, en général dans la peinture occidentale, de l'importance de l'événement qui y prend place, et aussi de son rapport au regard dont dépend la construction de l'espace : l'une et l'autre de ces déterminations se rencontrent dans le cadre, qui rend possible une profondeur, dans sa supposée réalité spatiale, et qui sépare, en même temps, l'intégrité de cet autre espace face au spectateur. L'ailleurs absolu de la miniature persane se manifeste dans ces débordements de l'image qui affirment son caractère imaginaire et son être tout en surface. La miniature persane est décentrée et n'implique donc aucun pouvoir du cadre, qui définirait, avec ses coordonnées, un espace dans ses structures. Pour elle, le cadre constitue l'un des éléments importants de l'organisation harmonieuse et ornementale de l'image, comme l'est, un peu, le tétracorde dans la musique persane, le point de départ du développement de la mélodie qui la déborde constamment, comme la mélodie elle-même devient la base de l'improvisation et de l'exubérance ornementales.

Que le cadre puisse être débordé marque ainsi la toute-puissance et la liberté réglée de la vision par rapport aux conventions du « vraisemblable », dont n'a que faire l'image qui accompagne le texte. Car le texte et l'image forment ensemble deux systèmes de signes, et pas du tout un système de signes, le verbe, qui aurait été ajouté à une « réalité » : il y a l'écriture dans l'image et l'image dans l'écriture et en même temps le texte libère l'image de la nécessité de « signifier ». La coexistence du texte met l'image à « distance » et donne à toute image un aspect imaginaire. Ayant préexisté à l'image, le texte n'en devient pas le commentaire, au contraire, c'est l'image qui en est l'ornement. Ainsi la miniature persane peut-elle déployer son essence : la splendeur de la lumière réfléchie par les couleurs du visible dans sa somptuosité.

Une telle complexité de raffinement et de résonance n'a jamais existé ailleurs dans l'art de l'image en Perse. Elle résulte de l'intensité de la rencontre et de la synthèse, dans une unité parfaite, d'éléments de provenance hétérogène. La caractéristique d'une nouveauté, c'est sa différence radicale : le fait qu'elle ne peut être déduite de ce qui a existé avant elle. Plutôt donc que de rechercher des origines introuvables à cette miniature persane dans l'histoire de l'art – puisque l'origine, s'il y en a une, se situe à un autre niveau – il vaudrait mieux, pour en voir la spécificité, différencier la miniature persane de ce qui, dans l'ordre des images, l'a précédée ou lui a été contemporain ou contigu.

De la Perse préislamique – sans prétendre remonter avant son existence... à Jiroft ou à Élam –, il n'est presque pas resté de peintures, et en général, par rapport à l'Égypte, la Mésopotamie ou la Grèce, les sculptures ont été rares. Puisque tout ne peut avoir été détruit par les envahisseurs successifs, il faut en conclure que les images, même sculptées, n'étaient pas très nombreuses. Sans doute le mazdéisme des Achéménides (550-330 av. J.-C.) n'exigeait pas d'image : ils vénéraient Ahura-Mazdâ, le Seigneur Sagesse,

Harmonie et Lumière, et des entités abstraites plutôt que des divinités mythologiques, même si celles-ci ne manquaient pas à leur panthéon. Hérodote dit que, à la différence des Grecs, les Perses ne pensent pas que les dieux sont de la même nature que les hommes et ne leur érigent pas de statues. Il n'y a pas, en Perse, de tradition iconographique et de statuaire en ce sens. C'est très tardivement, sous Artaxerxès II, que des statues d'Anahita et de Mithra apparaissent dans leur temple (Gianroberto Scarcia, *Iran,* 2004). Fondateurs du premier empire se voulant universel, les Achéménides avaient un art essentiellement royal, avec défilé de gardes, porteurs d'offrandes, lions et figures du pouvoir. La presque totalité de leurs motifs sculpturaux était mésopotamienne, comme les artisans qui les avaient taillés ou avaient cuit les briques émaillées de couleur nécessaires à la production des images. Avec une différence majeure, toutefois : l'accentuation de l'aspect purement ornemental, une intégration des figures et de l'ornement, un certain degré d'abstraction, de finesse, d'immatérialité accompagnant un sens de la grandeur qui ne s'identifie plus, comme en Mésopotamie, avec la puissance affirmative, colossale et pesante.

Il est à remarquer que, dans l'art achéménide, il n'existe pas, non plus, de figuration d'action. Avec toutes les autres différences, ceci le distingue également de l'art assyrien et babylonien. En Assyrie surtout, on voit des scènes de guerre et de chasse. Tandis qu'en Perse, les images de la fonction royale – le combat singulier du roi contre un lion ou un monstre, ou du lion royal contre un buffle – sont statiques ou cérémonielles (Boris I. Marshak, *Peerless Images,* 2002). L'art achéménide exclut l'action et le mouvement. Pour plusieurs causes. L'une peut être le caractère idéologique et aulique de la célébration de la fonction royale comme réalisation d'un monde ordonné et parfait, tandis que la réalité de l'empire est marquée par les guerres, les révoltes et les dissensions internes à la dynastie. L'autre raison vient, peut-être, de la dépendance de cet art à l'égard du mazdéisme vieil-avestique qui est contre la fonction et la religion du guerrier. Quelques siècles après Zoroastre, et son rejet des anciennes figures mythiques, celles-ci ne sont pas encore de retour, comme elles le seront plus tard. Même si elles commencent à revenir sous les derniers Achéménides, eux-mêmes influencés pas les Mésopotamiens (Inanna-Ishtar-Anahita), elles ne changent pas fondamentalement le programme de l'art achéménide formulé une fois pour toutes par le Grand Roi. Darius est directement en rapport avec Ahura-Mazdâ et, par sa grâce, il a accompli et réalisé un monde parfait. En dehors de l'unique acte de fondation, à Bisutun, qui montre le triomphe de la vérité et du vrai roi sur la tromperie et les rois mensongers, il n'y a ni histoire ni mythologie ni narration ni action. Par leur répétition, leur quasi-immobilité, les reliefs de Persépolis ont une fonction de célébration ornementale, comme si l'offrande des peuples conquis et la fête étaient perpétuelles et la rénovation du monde réalisée.

Ce caractère ornemental se retrouve dans le goût des Parthes (250 av. J.-C.-224 apr. J.-C.) pour les motifs « décoratifs » en stuc, et leur amour des couleurs dans le peu que l'on connaisse de leur peinture murale, et de ce que leurs motifs « décoratifs » laissent deviner des textiles d'un peuple essentiellement nomade : une liberté dans l'ornement que l'on retrouvera plus tard dans l'art islamique (E. Keal, *The Arts of Persia,* 1989). Mais chez les Parthes aussi, même s'il y a action – comme dans *Cavalier chassant l'onagre,* Dura-Europos, IIe siècle après J.-C., Louvre (Roman Ghirshman, *Parthes et Sassanides,* 1962) –, malgré le « galop volant », cette action est suspendue, immobile : comme dans les miniatures que cette image évoque, il s'agit d'un état, d'un ayant été définitif et non d'un événement avec une présence ou une temporalité.

Dans l'art sassanide (226-651), il existe des scènes d'« histoire » : investiture divine du roi, victoire sur l'ennemi, chasse. Mais, malgré l'expression et le mouvement, elles manquent d'action actualisée, de vie dramatique : leur mouvement est celui, immobile, d'un événement passé ou éternel (il suffit de comparer *La Chasse d'Assourbanipal,* VIIe siècle avant J.-C., British Museum et *Victoire d'Ardéchir Ier,* IIIe siècle après J.-C., Firozabad). Mais l'un des derniers bas-reliefs sassanides : *La Chasse royale aux sangliers,* à Taq-i Bostan, avec ses éléphants, ses sangliers, ses meutes de chiens, le roi, ses musiciens et ses suivants, peut être considéré, à cause de ses motifs, comme l'un des lointains ancêtres des scènes de chasse des miniatures.

La différence avec l'art du mouvement à l'occidentale apparaît clairement dans le destin d'un motif hellénistique repris par les Sassanides : le « drapé mouillé ». En Occident ce drapé, surtout dans les figures féminines, seules vraiment drapées en Grèce, adhère à la peau, aux formes du corps, au mouvement, dans une accentuation érotique, mais il se transforme chez les Sassanides en un pur élément décoratif sans rapport avec le corps et devient un motif extérieur, répétitif et ornemental. D'ailleurs, la profusion de l'ornement en stuc caractérise l'architecture sassanide : on a compté 18 motifs différents dans un seul iwan à Ctésiphon et 40 au palais de Kish. Les Sassanides, qui se voulaient des continuateurs des Achéménides, ont disposé leurs bas-reliefs à côté de ceux des Achéménides, mais sans retrouver la grandeur, la rudesse, la sobriété et la simplicité de leurs prédécesseurs. Leur goût de l'ornement tend à transformer même la pierre en stuc : leurs costumes deviennent vaporeux, avec des plis, des nœuds, des fanfreluches et des rubans livrés aux vents.

Les sculptures sassanides participent de la dégradation continue et générale de l'art de la sculpture dès la fin de l'Antiquité : elles sont lourdes et maladroites d'avoir essayé de créer des volumes en bas-relief, là où tout l'art achéménide consistait dans la pureté des contours. Les Sassanides avaient, par contre, un art du tissu éblouissant – « couleur de feu et couleur de cendre rose, comme des féeries du couchant s'éteignant dans le ciel quand le soleil a disparu » (E. Mâle) –, un art de la couleur qui a influencé Byzance et aussi les vitraux gothiques, à travers les tentures sassanides qui ornaient les églises romanes. Il y avait eu aussi, mais on y reviendra, la religion de Mani (216-277), sa conception alchimique de la lumière et ses livres enluminés, qui sont restés dans la mémoire des Iraniens comme l'invention même de la peinture.

Qu'à la même époque, les Sassanides aient connu – comme les Parthes avant eux – une peinture murale et un art d'enluminure de livre n'est pas à exclure, mais cet art probable ne pourrait pas être l'ancêtre de la miniature persane. Car les peintures, quasi contemporaines des Sassanides, qui restent à Pjandzikent de Sogdiane, proche de la rivière Zeravchan, en Transoxiane, si elles ont pour héros Rostam et des épisodes de l'épopée iranienne ou des fables animalières, qu'on retrouvera dans les miniatures, elles sont aussi d'une tout autre forme que celles-ci. Sur des fonds de couleurs vives, bleu outremer ou rouge, égayés de signes décoratifs – un château, une touffe d'herbe, un arbre ou des nuages, mais sans que l'espace bidimensionnel, sauf exception, y suggère un univers –, des figures de grande taille aux habits luxueux donnent toute leur importance aux sujets dépeints. Ces peintures murales s'inspireraient des rouleaux sassanides dont on ne sait rien. On trouve cependant sur les magnifiques plats sassanides – où le volume et la frontalité sont résorbés par les contours – les motifs récurrents d'un cavalier chasseur, d'un festin royal ou de Bahrâm Gour et son esclave musicienne Azadeh (Th. W. Arnold, *Survivals of Sasanian and Manichaen art in Persian Painting*, 1924) qui réapparaîtront dans les miniatures, mais après leur reprise par les céramistes qui leur feront perdre toute grandeur héroïque pour les métamorphoser (peut-être à cause de la méfiance islamique envers les images) en figures minuscules de conte.

Ces images des céramiques de Ray et de Kachan des douzième et treizième siècles, avec les mêmes traits et une gestuelle identique, sont très proches des illustrations des *Petits Shah nameh*. Il existe même un plat, de près de cinquante centimètres de diamètre, qui serait de Kachan, du treizième siècle (Freer Gallery of Art, Washington ; Arthur U. Pope, *A Survey of Persian Art,* 1938, vol. V), avec sur l'une de ses faces une véritable scène de bataille comme dans une miniature. Ce n'est pourtant pas par une ressemblance des dessins que ces céramiques annoncent quelque chose de la miniature persane, mais par ce qui fait la particularité même de leurs images et donne à leurs couleurs la finesse, l'élégance et la somptuosité immatérielle : la technique *minaï* ou *haft rang* (« sept couleurs »).

QUANT À LA PEINTURE ARABE, qui a marqué les premières illustrations de livres scientifiques en persan, elle dépend directement des traditions syriaque et byzantine. Ses fonds sont neutres : le blanc de la page, une couleur ou l'éclat de l'or ; quelques signes conventionnels y délimitent un décor et des accessoires, ainsi qu'au théâtre, sans jamais créer un véritable univers, comme dans la miniature persane, c'est-à-dire un lieu imaginaire parfait en son sens et parfait pour les sens indépendamment même de l'histoire qui s'y déroule. Dans les peintures arabes, dont les meilleures ornent les différents exemplaires illustrés des *Séances* de Hariri, l'histoire reste l'élément central : elle donne aux images leur climat de conte des *Mille et Une Nuits,* mais sans rien de la magie et du merveilleux de la miniature persane. Parce qu'il manque à la peinture arabe ce qui sera l'essentiel de la miniature en Iran : la profusion, la délicatesse et l'harmonie des couleurs pures réfléchissant la lumière. Dans les enluminures arabes, les figures sont à la fois modelées et beaucoup plus grandes que le lieu, là où pour la miniature persane, en l'absence de modelé, donc de la part d'ombre, il s'agira surtout de l'importance du lieu, paysage ou architecture – ou abstraitement dit : l'*imago mundi*, l'univers –, par rapport aux hommes.

Cette petitesse des hommes dans le monde, peut-être les miniaturistes iraniens l'ont-ils apprise de la peinture chinoise qu'ils ont connue après l'invasion mongole (1221). Précédées d'une aura d'excellence et de magie, de véritables peintures chinoises ont dû être très rares en Iran, mais les porcelaines, les habits ornés, les tissus venant de Chine étaient abondants. Il y avait aussi quelques peintres chinois dans les premières cours mongoles. Ils ont introduit en Iran non pas la fabrication du papier, mais l'art de lui donner une blancheur éclatante, sans laquelle les couleurs n'auraient pu avoir leur pureté et leur lumière. Ils ont surtout appris aux Persans le maniement du pinceau, la finesse du dessin, l'usage de l'aquarelle et de la gouache, et beaucoup de motifs que les miniaturistes finiront par métamorphoser en se les appropriant : le paysage, les arbres, l'eau, les nuages, les montagnes, mais aussi les dragons et les oiseaux mythologiques.

Il existe quelques relations lointaines de parenté entre la miniature persane et certaines peintures chinoises (cavalcades, jeux de polo – mais ce jeu est d'invention iranienne ! – ou scène de chasse de Kubilay Khan), cependant ce genre de peinture, même en Chine, était plutôt rare et dépendait, dans son principe, d'une esthétique chinoise du paysage très différente de la miniature persane. Car si la peinture chinoise du paysage et la miniature persane ont en commun d'être d'essence visionnaire – le paysagiste chinois se devant également de peindre avec la « vision du cœur » et pas du tout se contenter de copier les choses –, là s'arrête cependant toute proximité entre les deux univers. Le paysage chinois, par sa dimension cosmique et ses résonances spirituelles, est la vision de l'« ouvert » du monde, de son être et son devenir, son vide et son plein. Il exige la méditation, la concentration préalable, et puis la technique de la « main levée », la rapidité des traits qui réduisent l'immensité à des signes de plus en plus concis marquant le vide. Mais la miniature persane a le vide en horreur : il lui faut une longue patience méticuleuse pour rendre visible la perfection éternelle du monde dans l'infinité de ses détails. La dimension d'évocation du « lointain » de la peinture chinoise, fondée sur le pouvoir du vide, est infiniment plus grande que celle de la miniature persane, attachée à créer un ailleurs « imaginal ». La beauté, dans la miniature persane – art royal ou de cour, en son principe –, touche au « joli », au somptueux, au précieux, à la richesse, au brillant, à l'élégance : tout ce qui est de l'ordre de la puissance de l'image et du mirage de la surface miroitante. L'extase de la peinture chinoise provient du vide, celle de la miniature persane de la fascination des différents détails. Là où les traits qui rendent sensible le vide, et n'existent qu'à partir de lui, peuvent parfaitement se passer de couleurs, et y recourent très rarement, la miniature persane apparaît d'abord comme un jardin resplendissant de couleurs, dans lequel les hommes, s'ils ne sont pas le centre de l'univers, ont plus d'importance que leur présence minuscule dans le paysage chinois.

C'est par leur pureté, leurs nuances infinies, leur harmonie subtile réfléchissant la lumière que les couleurs de la miniature persane se distinguent aussi des miniatures proprement indiennes, qui utilisent de grands pans de couleurs vives, violentes et très fortes, comme elles n'existent qu'en Inde, pour accompagner en surface des figures dessinées de profil. Quant à la miniature des Mongols de l'Inde (à partir de 1530), elle sera l'un des dérivés de la miniature persane et l'une des formes de sa décadence. En Iran, la miniature s'appauvrira par la répétition des formules avant de disparaître devant la peinture à l'huile occidentale, qui, avec sa compacité opaque et sa pesanteur, révélera – en la transformant en un théâtre de marionnettes – la profonde « naïveté » du monde merveilleux des songes des images iraniennes. En Inde, l'univers de la miniature persane s'ouvrira à la perspective et au clair-obscur venus de l'Occident, et ainsi ce qui était la vision lumineuse d'un ailleurs deviendra le regard sur un ici des fastes de la cour mongole.

Pour lui faire gloire de l'avoir écartée, après en avoir fait une tare tant que le système de la peinture occidentale n'avait pas été bouleversé, on s'est référé souvent à l'absence de perspective dans la miniature persane. Comme si la perspective était chose naturelle ou vérité obligée et non pas une forme symbolique parmi d'autres, une découverte, somme toute, assez récente en Occident même. On oublie que Masaccio, Uccello et Piero della Francesca sont nés à l'époque de la formation de la miniature persane, que l'âge d'or de cette miniature correspond à celui de la Renaissance et que chacun a créé un univers en soi : l'un préparant la conquête du monde, l'autre l'évanouissement dans un monde de rêve.

On veut bien opposer aussi une peinture occidentale tout attachée, paraît-il, à reproduire la « réalité » à la miniature persane ayant son origine dans la mystique visionnaire des textes littéraires et de leurs métaphores. Mais toute la peinture occidentale, jusqu'à Courbet et essentiellement Manet, c'est-à-dire jusqu'à l'effet de la photographie, qui a imposé le silence à l'éloquence de la peinture, était également dans la dépendance des textes (Bataille). Le merveilleux de la miniature persane n'est nullement l'image d'un univers purement mental, il provient de la transfiguration du monde par les couleurs lumineuses : ainsi, depuis la vie la plus triviale jusqu'aux splendeurs des cérémonies de cour, on a pu y reconnaître le monde turco-mongol et celui des Safavides. Il est parfaitement absurde de croire qu'il existe depuis toujours une « réalité » dépourvue de constitution symbolique – la science moderne en étant la plus efficace –, que différents mondes culturels auraient choisi de « voir » de telle ou telle façon. La « réalité » dépend de la conjonction des pratiques et des croyances qui y donnent accès. Ainsi, les différences entre la miniature persane et la peinture occidentale tiennent à des systèmes de pensée et par conséquent à des principes esthétiques distincts, et non pas au fait que l'une serait « réaliste » et l'autre pas.

Au-delà même de la question de la perspective, et déterminant celle-ci, la différence entre la miniature persane et la tradition occidentale se situe autour du concept de la forme. Dans l'Occident classique, la forme est concrète et abstraite à la fois, manifestation du sens dans le sensible, accession de chaque chose à son idée, rencontre du matériel et de l'intelligible. Telle est l'essence de la sculpture grecque et le projet de la peinture de la Renaissance. La *mimesis,* la ressemblance, dédaignée par Platon lorsqu'il s'agit de la simple copie, a été élevée par Aristote à la dignité philosophique, parce que capable de rendre manifeste l'essence des choses qui restent entravées dans leur existence ordinaire. C'est cette conception d'une rencontre entre la matière et l'idée qui confère à la forme, en Occident, son caractère terrestre et intelligible à la fois et donne un sens au monde avec son volume, sa pesanteur et son ombre. C'est ce lien entre le sensible et l'intelligible qui exigera l'invention de la perspective par les idéalistes florentins et fera de la matière tactile et sensuelle de la peinture à l'huile, en Flandre avec Van Eyck, le réceptacle de la lumière, comme la Vierge l'est de l'Esprit, tandis que dans le miroir lumineux de la miniature persane – qui est étrangère aux concepts occidentaux de forme et d'idée – toute chose se dépouille de sa matérialité, de sa pesanteur, de son volume et de son ombre pour être transsubstantiée en une couleur qui n'est ni atmosphérique, ni tactile, ni charnelle ou sensuelle, mais d'une sensibilité musicale, abstraite et visionnaire.

Cette conception occidentale de la forme, comme rencontre entre idée et matière, est aux fondements d'une religion et d'une esthétique anthropomorphiques : aussi bien dans la tradition grecque que dans le christianisme, qui donnent la prééminence à la forme et à l'action humaines. De là découle également l'importance, dans la statue ou le tableau, de l'« histoire » comme mythe ou Histoire, en ce que le mythe et l'Histoire manifestent le sens du monde, là où, dans la miniature persane, les événements humains ne sont que des éléments dans un monde plus grand qu'eux. Certes les divinités grecques étaient des formes concrètes en tant que manifestations des puissances mythiques de la « nature » – qui n'avait évidemment pas le sens scientifique moderne –, tandis que le christianisme a ses racines dans une religion monothéiste transcendante, et implique donc une dualité entre l'esprit et la matière, mais une dualité qui est affirmée et niée à la fois : par l'incarnation, par la présence réelle sur terre du Dieu devenu homme, et, à la différence de la Grèce, par la mort nécessaire, rachetant l'existence terrestre et la conduisant à la pure spiritualité. Cependant, cet anthropomorphisme, qu'il s'agisse de l'affirmation grecque ou de la passion chrétienne, rend possible la rencontre entre l'intelligible et le sensible, c'est-à-dire la possibilité, la nécessité même, de l'image. Et ceci, en même temps, transforme, dans le christianisme, l'art en un drame perpétuel sur les relations de l'idée et de la matière, qui peuvent aboutir à des formes opposées.

À l'un des extrêmes, il y a l'icône, fondée sur une théologie de la gloire-lumière, et menacée un moment par l'iconoclasme qui s'est conclu cependant, avec l'idée de l'incarnation du Christ et la pensée de la descente et de la montée de la lumière divine, par une justification de l'icône grâce aux concepts d'hypostase et de théophanie. Ainsi, l'invisible vient vers nous et nous accueille dans sa présence attestée par l'icône. Savoir qu'à travers l'icône, qui signifie « image », rayonnent la vérité et la lumière suprasensible et transcendante se faisant sensible à ceux qui la contemplent – ce pourquoi il existe une vénération de l'icône dans la liturgie byzantine – permet de mieux différencier la nature non sacrale, purement imaginaire et esthétique de la miniature persane. Malgré la somptuosité, tout orientale, des ors et des pierres précieuses qui parent les icônes, celles-ci sont, en général, marquées par l'ombre terrestre et en même temps par un dépouillement spirituel ascétique et hiératique aux antipodes des jardins paradisiaques de la miniature persane.

Mais les images de la miniature persane ne sont « paradisiaques » que métaphoriquement, par leurs couleurs et leur lumière, sans une référence quelconque au paradis terrestre ou céleste, contrairement aux images du jardin de paradis, qui existent effectivement, dans ce qui est, par rapport à la théologie de l'icône, l'autre extrême de la peinture chrétienne. Au centre de *L'Agneau mystique,* le grand polyptyque des frères Van Eyck, où le paradis accueille tous les élus, se trouve l'« agneau mystique » dont le sang coule toujours, ce sang qui a racheté et rédimé la création avec son poids, son ombre, sa chair, son atmosphère : c'est-à-dire toute la terre, simplement, transformée en un magnifique jardin, au-dessus duquel trônent, entre la Vierge et saint Jean, Dieu, le Père, le Fils et le Saint-Esprit en une personne, avec des formes humaines en grandeur nature, là où dans l'image paradisiaque de la miniature persane toute chose doit perdre sa matérialité pour pouvoir être métamorphosée en couleur qui réfléchit l'éclat de la lumière.

Sans doute s'agit-il, entre une grande peinture à l'huile et la miniature, d'une différence de technique et d'échelle. Mais les Van Eyck avaient également enluminé des livres et, dans leurs miniatures comme dans toutes les enluminures des livres du Moyen Âge, qui sont extrêmement diverses mais, en général, de nature religieuse, et infiniment plus symboliques, dans leurs images, que celles des Van Eyck, ce sont toujours les hommes et leurs actions qui restent l'essentiel et ils sont proportionnellement plus grands que le monde. Il n'y a donc pas seulement la netteté des lignes, la splendeur et la liberté des couleurs qui distinguent la miniature persane de la recherche de volume, d'ombre et d'expression en Europe. Les premières peintures de manuscrit en Occident présentent de manière allégorique ou symbolique une action sur un fond de couleur vive, avec peu d'accessoires et de décors, comme au théâtre. À la fin du Moyen Âge, l'aspect immédiatement allégorique et ornemental disparaît, et la peinture devient un tableau de chevalet en réduction. Décors et paysages, bien plus détaillés, sont « miniaturisés » par rapport aux personnages, avec deux systèmes de proportions différents : l'un pour les figures, l'autre pour le lieu, paysage ou architecture. Mais dans tous leurs états, pendant mille ans, si l'on agrandit ces images, elles ressemblent aux peintures murales ou aux tableaux qui leur sont contemporains, et elles cessent d'être des « miniatures ».

Peut-être ce qui, en Occident, s'approche le plus de l'impression que donne une miniature persane – par exemple, dans les livres enluminés pour Shah Tahmasp, *La Fille de Haftvad et le ver* du *Shah nameh*, ou *Fête nocturne dans un palais* du *Khamseh* –, se rencontre moins dans les enluminures de livres que dans une fresque de plusieurs mètres carrés du Palais communal de Sienne : *Effets du bon gouvernement*, peinte en 1338 par Ambrogio Lorenzetti. Ce n'est pas une peinture d'histoire mais l'image d'une ville et de sa campagne. L'enchantement qu'elle produit provient de la petitesse de chaque élément par rapport à l'ensemble, de la non-monumentalité, de l'infinité de détails existant pour eux-mêmes, chacun, homme, animal, chaque chose ou occupation, le travail ou la fête, pouvant être l'objet d'un intérêt inépuisable. Il ne s'agit pourtant que de la vie ordinaire de la ville et de la campagne de Sienne, mais ayant acquis une qualité féerique, comme si le monde était un spectacle vu d'un sommet et de loin. À l'irréalité charmante et merveilleuse, mais bien terrestre et bien sombre (malgré le grand art de la couleur des Siennois), de cette grande œuvre manque pourtant la qualité différente, spécifique, c'est-à-dire l'impondérable, de la miniature persane : la transsubstantiation de toute chose en couleur de lumière.

Cette qualité d'impondérable, la miniature persane la doit à la « méfiance » islamique à l'égard des images. Car s'il n'y a pas, en Islam, l'interdit formel et drastique des images comme dans le Décalogue, il n'existe pas moins un net refus de la statuaire et plutôt un rejet des images peintes que leur acceptation ou même une neutralité bienveillante. À sa naissance, en tant que monothéisme absolument transcendant, d'un Dieu invisible et inimaginable, l'islam avait affaire à deux sortes d'images : soit les idoles païennes, en forme d'images ou simplement de pierres dressées, soit l'image chrétienne, et surtout l'icône byzantine, fondée sur l'idée de l'incarnation divine. Si les images n'avaient eu qu'une fonction décorative, elles n'auraient peut-être pas posé de problème, mais, à l'époque, les images étaient essentiellement objets de culte. On pensait également qu'en produisant des images ressemblantes, les hommes s'attribuaient une puissance qui n'appartenait qu'à Dieu : celle de créer la vie. C'est pourquoi, sur des bas-reliefs anciens et même des miniatures, le visage des humains et des animaux a été souvent effacé ou mutilé, tandis que les vêtements et les corps sont restés intacts : ce qui provient nettement d'une conviction et non d'un effet de hasard. Le mot arabe pour sculpteur et peintre est *mossawar*: celui qui donne « forme ». Or la puissance de « former » appartient à Dieu seul. (La question de la photographie et du cinéma a pu être résolue: ces appareils « reproduisent » mais ne « forment » pas.) La figure douée d'ombre, appelée aussi ressemblance – image ou corps susceptibles d'avoir une ombre, s'ils sont éclairés par le soleil ou une autre source de lumière – est interdite en Islam: l'ombre étant le signe du vivant. Il est dit également que « les anges ne rentrent pas dans une maison où se trouvent des images ». Ainsi, et en tous les cas, la relation à l'image impliquait donc, en abîme, un rapport à Dieu: soit l'image avait le sens de l'idole, soit l'artiste s'appropriait la puissance divine de création. C'est donc en connaissance de cause sur les pouvoirs magico-mythiques et religieux de l'image qu'il y a eu, en Islam, sinon un total interdit, du moins une méfiance et la nécessité d'un écart. De là, l'obligation d'insister sur le caractère non « ressemblant », non vivant des figures, sur leur petitesse et leur fonction de marionnettes et de poupées, sur leur absence d'ombre, et la nécessité de rendre évidente la dimension purement imaginaire de chaque image, pour qu'il soit manifeste qu'il s'agit d'image, ni sacrée, ni imitant la vie, mais ornementale et gratuite et en quelque sorte par jeu: ce qui détermine bien l'essence purement esthétique de la miniature persane, même si cette esthétique, en tant que miroir de la beauté, possède un sens mystique, ce sens n'est d'aucune manière tributaire, en première instance, des figures ou d'une histoire.

Entre l'islam et la tradition occidentale, grecque ou chrétienne, il existe une différence radicale d'orientation. Il suffit d'entrer, à Istanbul, successivement dans Sainte-Sophie et la Suleymanié, qui en a pourtant repris le modèle architectural, pour que cette différence s'impose immédiatement avec évidence : dans le premier cas, il s'agit d'une descente de l'esprit dans le monde matériel, dans l'autre d'une métamorphose du matériel en spirituel. Les églises ont presque toujours un plan symbolique, en croix, qui est un mandala du corps humain. Lieux de la messe, c'est-à-dire de la cérémonie symbolique de la Passion du Christ, elles sont très souvent fondées directement sur des tombeaux de saints : l'autel même, qui est la table de sacrifice, symbolise le tombeau du Christ, d'où l'esprit fait retour à l'immatériel, mais le moment de présence matérielle reste un moment essentiel. Par les vitraux colorés des cathédrales gothiques, la lumière céleste, en traversant les images de l'histoire sainte qui l'ont révélée au monde, pénètre, pour le sanctifier, dans le monde matériel : l'église constitue une présence du ciel dans un lieu terrestre. La mosquée – d'où toute référence au matériel et *a fortiori* à la présence d'un corps mort est bannie, et où il n'existe aucune cérémonie symbolique sacrée mais seulement le croyant en prière se tenant en présence d'un Dieu spirituel transcendant – produit le détachement d'un lieu terrestre à la terre et sa projection mentale dans un ailleurs sans figure et autre, absolument. Dans la cour des grandes mosquées d'Ispahan, un grand bassin reflète la coupole du ciel, mais aussi les murs qui, perdant ainsi leur matérialité, rencontrent l'image du ciel dans l'eau : il ne s'agit pas de présence matérielle et réelle, comme dans la messe, mais du miroir et du reflet d'une lumière renvoyant à la transcendance, et c'est à partir de cette différence qu'il faut comprendre ce qui distingue l'image peinte en Occident de l'image dans la miniature persane.

Si l'islam a écarté la figuration, c'est à l'ornement qu'il a accordé toute sa puissance. Comme la musique, il s'agit de l'essence de l'art. L'ornement consiste en la forme pure : il ne renvoie ni à un objet ni à une signification. Ainsi, il n'obéit à rien d'extérieur et son bonheur consiste à suivre, disait Kant, sa propre loi, car c'est ce qu'il y a de plus profondément et authentiquement artistique : le libre jeu de l'imagination, qui, dans sa légèreté et sa clarté, réalise l'essence de la beauté, la finalité sans fin. L'ornement, tout en se basant sur les possibilités techniques et matérielles des matériaux et des objets, diminue en même temps leur utilité et leur signification, éloigne leur matérialité pour la transformer en support de l'apparition d'une forme pure et abstraite. La somptuosité que l'ornement donne aux choses c'est l'idée de la perfection, de ce qui les rend parfaites : non pas la manifestation de l'essence des choses, mais la marque d'une essence autre, et de la perfection, et de la liberté, sur les choses. Selon son concept, l'ornement est absolument libre des limites du commencement, de la fin, de la droite, de la gauche, d'au-dessus et d'en dessous. Il implique que tout est intégré, lié, de manière cohérente et harmonieuse, que tout est sens et perfection. Continu par-delà la discontinuité, l'ornement, auquel tout art tend, constitue un jeu infini de relations, comme les rimes et les rythmes poétiques et musicaux qui établissent des normes internes, des correspondances et des liens, indépendamment de toute causalité objective ternie et opaque ou de toute symbolique cachée.

Géométrique, végétal, animal et même humain métamorphosé en signe, l'ornement est un monde de signes qui, sauf la perfection et la règle du jeu libre, ne signifient rien, ni en eux-mêmes, ni en dehors d'eux-mêmes, mais qui sont portés par leur caractère de pur signe, par le nombre illimité et infini des interrelations possibles et par l'harmonie inhérente à ces interrelations. L'ornement est une surface, comme un voile ou un miroir, qui ne possède aucune réalité matérielle et ne révèle ni ne cache rien, un « paradis » imaginable, désirable et effectif, mais purement abstrait, flottant de toute sa force lumineuse dans l'apesanteur.

L'ornement consiste en quelque chose de matériel métamorphosé en une abstraction d'essence spirituelle, avant toute singularisation ou distinction objective, empirique et terrestre : l'unique chose du monde terrestre qui renvoie immédiatement à un ordre infini transcendant, sans l'idée d'une présence réelle. Comme marque d'une abstraction autre sur le sensible, l'ornement transforme le monde sensible en quelque chose de non essentiel. En même temps, grâce à l'ornement, le sensible porte abstraitement la marque de cette autre réalité et devient le miroir qui y renvoie. Avec l'ornement – qu'on devrait veiller à ne pas confondre avec le sens de la parure ou de la décoration –, le monde sensible est approprié à une idée transcendante. C'est encore plus évident, en Islam, lorsqu'il s'agit d'une rencontre avec le sens même, c'est-à-dire avec la parole de Dieu calligraphiée. Toutefois, même cette calligraphie tend à devenir illisible et à être intégrée à l'ornement qui manifeste ainsi son essence d'« écriture » généralisée, comme de « musique pure », qui n'a pas besoin de mot pour résonner et se faire entendre.

Le paradis de l'ornement ignore le monde naturel, la forme pure se développe indépendamment de toute référence au « naturalisme » : la particularité de la miniature persane consiste à avoir intégré les images et la nature à l'ornement. Elle a pu le faire par la couleur pure : l'harmonie des couleurs, telle que la réalisent les Persans dans une totale liberté à l'égard du « naturalisme », permet de transformer la matière et les images de la nature en miroir de la lumière. Ce qui est un paradis purement abstrait dans l'ornement islamique, dépourvu d'images, devient ainsi chez les Persans un paradis à partir des images, par l'extension du principe d'ornement – l'absence de pesanteur et de réalité – aux images, et par une intégration mutuelle de l'image et de l'ornement, et leur indifférenciation harmonieuse grâce aux couleurs de la lumière.

Orner le livre est la fonction de l'enluminure, et ornementer le livre constitue la tâche de la miniature persane. Sa forme de réalisation est donc le concept de l'ornement déployé. Selon son essence, l'ornement doit rester libre conjointement à l'égard du naturalisme et de la signification : la forme pure de l'ornement ne résulte pas d'une rencontre entre le monde et la signification, c'est quelque chose d'abstrait par rapport à l'un et à l'autre et qui ne les admet qu'en tant que reflets d'autre chose dans son univers rédimé. Le terrestre et le matériel n'ont pas de place dans l'ornement, pas plus que la signification, en tant que tension et problème. La signification ne peut y pénétrer qu'en se dépouillant de sa pesanteur, à l'instar du monde matériel : en y entrant comme un tout décanté parfait, parachevé et irréel. Ainsi, au monde rédimé de l'ornement, à son aplat, à son idée abstraite de paradis, à son refus du naturalisme ne peut correspondre, dans l'ordre du sens et des sens, du visible et de l'imaginable, que la « réalité », sans poids ni réalité, du conte. Les mondes d'image, d'ornement et de conte de la miniature persane s'impliquent réciproquement, ils sont de même essence et en harmonie. Ils ont tous pour corollaire la méditation, la rêverie, la songerie infinies d'un ailleurs parfait pouvant recommencer à partir de n'importe quel détail.

Il ne s'agit donc pas de « réalité » mais d'un monde d'image pure qui respecte la surface de la feuille. C'est dans l'entre-deux d'une surface et d'un ailleurs que se produit la vision de la miniature. Dans ce monde achevé en lui-même, il n'y a pas d'actualité ou d'action. Le monde ne dépend pas des hommes et de leur action. Ils n'ont aucun privilège par rapport aux objets ou à la nature, aux dessins d'un tapis ou aux ornements d'une architecture. Malgré cela, l'extension du principe de l'ornement à l'univers entier rencontre un obstacle : la figure de l'homme. Sans être le sens, l'origine et le but du monde comme dans la tradition anthropomorphique et humaniste occidentale, et tout en étant petits, dans la miniature persane, les hommes et les événements gardent, contrairement à la peinture de paysage chinoise, une certaine importance, bien qu'infime par rapport à la grandeur de l'univers et de son créateur.

À l'exception de quelques rares paysages, appartenant à une même origine (*Anthologie de sept poètes,* 1398, Istanbul, musée des Arts turcs et islamiques) et considérés généralement comme directement « mystiques » – et pour cela même, peut-être, dépourvus de « charme magique » et de « merveilleux » –, il existe très peu de miniatures persanes sans figuration humaine. Or s'il est possible de tout transformer en ornement, par l'absolue liberté des traits et des couleurs : la nature, les animaux, l'architecture, les objets et même les habits des hommes, ce qui est purement humain, c'est-à-dire le visage, les mains et leurs gestes ne peuvent s'inclure totalement dans l'ornement sans perdre du même coup leur humanité. Le principe de l'ornement consiste en dessins coloriés, mais les visages et les mains, et éventuellement les corps nus, doivent rester sans couleur. Un cheval vert, bleu ou jaune est admissible, un homme bleu ou vert serait immédiatement un monstre ou un être surnaturel. Cette nécessité de désigner, malgré tout, l'humanité des hommes par le seul dessin dans un monde de couleurs n'est pas particulière à la miniature persane mais au principe de l'ornement. Depuis des temps immémoriaux, l'image des animaux possède une perfection immédiate dans son apparence que celle des hommes ne peut atteindre, car chaque animal est son espèce et chaque homme une singularité irréductible à son apparence.

La miniature persane se doit d'être irréelle : l'irréalité du cheval consiste dans sa couleur bleue, celle de l'homme dans sa petitesse et sa gaucherie de poupée ou de marionnette correspondant à son univers de conte. Ainsi, les hommes paraissent dans leur petitesse et insignifiance par rapport au principe transcendant qui les dépasse. Et en même temps, les miniaturistes ne risquent pas de rivaliser avec Dieu en créant des êtres vivants, et ils ne contreviennent pas également au principe esthétique de l'ornement, tout en gardant aux figures une certaine qualité humaine et la possibilité de les distinguer relativement les unes des autres et de les rendre expressives, avec très peu de moyens : les variations du rond et de l'ovale pour les visages, la distance entre les sourcils, les yeux, le nez et la bouche, la présence ou l'absence de la barbe, etc. Il est entendu cependant que si l'on donnait une véritable importance à cette humanité, la miniature persane serait détruite dans son essence : une plus grande prestance des figures humaines exigerait la causalité, la présence, la vraisemblance et détruirait immanquablement la tonalité imaginaire du conte et le principe de l'ornement réalisés par la miniature persane.

Il y a donc la fonction ornementale immédiate de la miniature persane comme enluminure du livre, le principe formel et abstrait de l'ornement de l'art islamique, et leur extension, par la miniature persane, à l'image du monde, qui consiste dans la métamorphose de toute chose en couleur de lumière. Cette transsubstantiation alchimique du monde – qui perd son poids, sa matière, sa part obscure et son ombre – a ses origines dans la pensée de la lumière du mazdéisme vieil-avestique transformé par le manichéisme.

Mais ces traditions de la Perse ancienne – le mazdéisme et le manichéisme – n'ont pas cheminé comme une rivière souterraine pour réapparaître soudainement dans le grand jour de la miniature persane, sans avoir été remodelées complètement par l'islam. Il n'y aurait jamais eu, non plus – on y reviendra –, de miniature persane sans les conditions historiques particulières nées de la conquête de l'Iran par Gengis Khan et Timur Lang (Tamerlan). La miniature persane, en tant que forme d'art spécifique, résulte d'une rencontre de plusieurs courants et de leur synthèse extraordinaire, différente de chacun de ses composants isolés.

Ce qui reste de la peinture manichéenne des Ouïgours de Tourfan, en Asie centrale – images des saints et des parfaits, massés en foule confuse – ressemble bien plus aux peintures bouddhistes ou byzantines qu'à une quelconque miniature persane, car il s'agit, à cette limite, aux confins du monde iranien, d'une rencontre avec les cultures de l'Inde et de la Chine. Il y avait, certes, la doctrine manichéenne du retour de la lumière à la Lumière, de la délivrance des parcelles de lumière emprisonnées dans la matière – donc un certain « panthéisme » qui se retrouvera dans la miniature persane –, mais dans les enluminures manichéennes, proprement dites, cette lumière délivrée apparaissait, semble-t-il, en tant que telle directement par des plages d'or et d'argent employées à profusion, sans devenir, comme dans la miniature persane, le miroir du monde. Car à cause même de leur amour de la beauté de la lumière, objet d'extase, les manichéens avaient une attitude négative par rapport à l'ensemble de la création, considérée comme l'œuvre du mauvais démiurge. « Antimatérialistes », ils croyaient à « la révolte de la lumière contre l'obscurité tyrannique des couleurs » (Massignon). Ils pensaient que lorsque les parcelles de lumière seront délivrées, tout s'embrasera, la Lumière envahira l'univers et le monde visible sera anéanti, ce qui est le contraire même de la parousie du visible de la miniature persane, plus proche de l'ancienne pensée gâthique, citée plus haut : « C'est grâce à Sa lumière que le monde s'est vêtu d'une parure de joie. »

Ainsi, même Massignon, qui avait poussé le plus loin cette identification entre la miniature persane et le manichéisme jusqu'à dire que « la miniature n'est pas un art proprement musulman », a été conduit à reconnaître que le drame manichéiste de la délivrance de la Lumière avait disparu grâce à la sérénité, c'est-à-dire grâce à l'« acceptation » *(islam)* de la création, pour se transformer, dans la miniature persane, en la délicatesse d'une rêverie méditant sur sa perfection, avec « le côté de fantaisie volontairement irréelle de l'art musulman » contemplant les images « précaires de ce monde comme des rêves qui passent ». Ce n'est pas seulement le drame manichéen de la Lumière mais le drame, en général, qui a peu de place dans la miniature persane, comme dans toute la mystique et l'art musulmans : « Le drame pour nous [Occidentaux, dit Massignon] est dans le cœur même des personnages, dans leur liberté, mais cette liberté, pour les musulmans, est conditionnée par la volonté divine, et ils ne sont que des instruments. Il y a bien du drame chez eux, mais c'est au théâtre des marionnettes, ce qui est à la fois très simple et très profond. » (Ce que l'on appelle « le drame de Kerbala », le *tazieh* : le cycle des « représentations du sacrifice » des descendants du Prophète et des martyrs du chi'isme, n'a pris de l'importance en Iran que très tardivement, bien au-delà de l'âge d'or de la miniature persane.)

Il ne s'agit donc pas d'une réapparition pure et simple d'un Iran préislamique mais de sa métamorphose

– à partir de l'islam, lui-même transformé par ce retour de la Perse ancienne – en une mystique visionnaire déterminante pour l'ensemble du monde spirituel iranien.

Si la mystique a existé très tôt en Islam et parmi les Iraniens, elle n'est devenue la tonalité dominante de l'univers persan que plus tard : il suffit de comparer la vision héroïque des mythes de l'ancienne Perse chez Firdousi (XIe siècle) à sa vision mystique et ésotérique, deux siècles plus tard, chez Sohrawardi. Entre les deux s'est produit le passage d'un imaginaire de l'action héroïque, qui semble avoir eu ses racines dans la croyance à une possible renaissance iranienne, à un retrait dans la pure intériorité mystique et visionnaire. Il y a eu un moment intermédiaire, peu connu en son temps, mais d'une importance radicale du point de vue de la philosophie de l'histoire : il s'agit de l'effondrement du monde des buts, des actions et des croyances, chez Omar Khayyâm (1050-1123), et le sens d'un monde de mirage qui aboutit à une conscience intense de l'instant. Qu'une telle pensée ait pu prendre cette forme d'expression parfaite a dû correspondre à quelque chose d'essentiel et d'irrévocable pour ce qui était transcendantalement possible en ce temps. Car cette destruction de tout, l'effondrement de l'univers des buts et des actions et la conscience d'un monde de mirage, est la condition absolument nécessaire à l'éclosion de l'ésotérisme visionnaire et intérieur en tant que forme dominante de tout un monde. Il semble que la prédominance de la mystique en Perse soit devenue effective autour et surtout après l'invasion mongole. En dehors même de son incidence à travers la littérature persane, c'est le caractère visionnaire de cette mystique et sa théosophie de la lumière qui concernent directement la miniature persane.

Toute mystique existe sur fond d'une religion particulière. Soit qu'elle se veuille l'expérience rénovante de sa part ésotérique et la connaissance de son principe profond, caché, contre sa dégradation en rituels et normes exotériques. Soit qu'il s'agisse, au contraire, d'une réhabilitation, mais à partir de cette religion de départ, de ce qui a été, comme croyance ancienne, rejeté par elle. Dans ce cas, c'est peut-être cette synthèse qui exige une pensée mystique, c'est-à-dire une interprétation ésotérique de la teneur de chacune des deux religions dans l'autre, tandis qu'en tant que religion constituée, chacune de ces deux croyances qui entrent ainsi en contact se présente comme la négation de l'autre.

Les mystiques fondées sur une religion absolument transcendante, en son essence, diffèrent d'autres formes d'union intime de l'homme et du principe de l'être. Car le monothéisme distingue radicalement le principe absolu transcendant et le monde de la nature, qui n'est plus sacré, comme il a pu l'être pour les Grecs d'avant Socrate ou dans le mazdéisme (de là provient, d'ailleurs, pour le monothéisme, le problème de l'image). Dans la terminologie philosophique d'inspiration platonicienne, la distinction entre le transcendant et le matériel se détermine comme différence entre l'intelligible et le sensible. Ainsi, l'un des problèmes essentiels d'une mystique née dans le contexte de la différence radicale entre l'intelligible et le sensible, c'est le dépassement de ce dualisme, l'établissement des relations entre ces deux mondes, une relative revalorisation du panthéisme ancien et, par voie de conséquence, une reconnaissance de la nécessité des images, qui avaient été essentielles dans le contexte des religions mythiques.

Pour établir un lien entre le monde sensible et la transcendance, les mystiques iraniens ont créé le monde « imaginal », correspondant à une sensibilité suprasensible : un univers de corps subtils, appelé « huitième climat », intermédiaire entre le monde de l'idée pure et celui de la perception ordinaire. Dans la mesure où il s'agit de l'« imagination créatrice » et du lien du sensible à l'intelligible, une grande proximité existe entre cette mystique visionnaire et les questions de l'art, sans y faire référence. Déjà, chez Platon, et indépendamment de ces mêmes questions, la beauté et l'amour, que celle-ci inspire, apparaissaient comme le lien et le chemin possible entre le sensible et l'intelligible, avant de devenir l'unique détermination ontologique de l'être chez les mystiques néoplatoniciens. Et plus tard, c'est à partir des origines mystiques de la cabale judéo-chrétienne, mais dans une perspective d'illumination profane, que le premier romantisme et l'idéalisme allemands feront de l'« imagination créatrice » l'essence de l'art et de celui-ci l'*organon* de l'absolu. C'est dans cette constellation complexe de l'art, de la beauté néoplatonicienne et de la mystique qu'il faudrait pouvoir un jour définir la spécificité de la miniature persane, sans pour autant faire appel directement aux concepts d'idée et de forme de l'esthétique occidentale.

La conception ontologique de l'imagination comme posant quelque chose dans l'être, telle que la développe Henry Corbin à propos des mystiques iraniens, semble correspondre, selon ses propres références, à l'« icône », elle évoquerait plutôt le monde saint de l'ange, de l'âme et du visage d'un Andreï Roublev. Et l'absence d'image, l'expérience mystique de la pure lumière, pourrait aboutir aux couleurs ardentes d'une peinture abstraite comme celle de Rothko (qui a construit, d'ailleurs, une chapelle) et non pas au monde de la miniature persane. « La vision du cœur [des soufis consiste en] la perception de plusieurs niveaux de lumières colorées [qui sont] les différentes modalités ou couleurs de la Lumière » (Amir-Moezzi). S'il ne s'agit donc pas directement du « monde imaginal », ni d'image comme théophanie, ou de la vision pure de la lumière indépendamment du visible, le monde imaginaire de la miniature persane, qui ne se veut pas la révélation du caché, ni ne prétend à un statut de réalité ou de vérité ontologique, mais seulement à l'univers du « possible », donc du « conte », est de l'ordre de l'apparence, où dans le jeu libre et réglé, ornemental, des couleurs, les choses trouvent leur miroir, et là, se dépouillant de leur matière, elles deviennent des images réfléchissant la lumière.

Ainsi, au lieu que le monde soit sacré en lui-même, manifestation ou émanation du divin – comme dans le mazdéisme ancien, la religion grecque ou le néoplatonisme –, il se révèle être, pour les mystiques iraniens, qui admettent la transcendance absolue de Dieu, non pas le lieu de sa présence, mais sa création reflétant sa beauté pour l'œil qui sait voir, comme les mythes anciens deviennent des fables auxquelles le mystique peut trouver un autre sens.

Dans la miniature persane, ce n'est pas dans sa réalité ou sa présence, mais dans son image de miroir magique, ayant perdu son ombre et son poids pour se métamorphoser en apparence et en pure couleur immatérielle, que le monde se révèle, dans la lumière, être paradisiaque : un jardin, selon l'ancien archétype du paradis depuis les anciens Perses pour qui « la terre elle-même était une vision » (Corbin). Et un jardin devenu, dans la miniature persane, une rêverie hors du monde et la métaphore de la contemplation mystique : « les vrais jardins résident dans le cœur du mystique, alors que les jardins terrestres, tout comme la nature, ne sont que des images virtuelles reflétées dans le cœur qui lui-même reflète le miroir de la Beauté divine » – le jardin se trouve partout. C'est non seulement l'espace clos, ses arbres, ses prés, ses fleurs et son cours d'eau, mais le monde dans tous ses aspects qui devient un immense jardin : les rochers avec leurs contours et leurs couleurs extraordinaires de rubis, d'émeraude, de lapis-lazuli, et la terre aux teintes invraisemblables, les ornements des tapis, des habits et des architectures. Dans le miroir intemporel de la miniature persane, l'image du jardin est la réalisation d'un monde de couleurs en tant que parousie du visible et de l'ornement à la fois : « sous leur apparence, c'est une apparition qui devient visible ».

Le jardin est paradis du sens et des sens : il est sans pourquoi et libre de signification.

S'il y a un sens « ésotérique » ou mystique dans la miniature persane, c'est dans la splendeur du visible qu'il faudrait le trouver. Toute autre tentative transforme les miniatures en « images ». En cherchant à les traverser, pour leur découvrir un supposé sens « caché » et métaphorique, elle réduit les peintures à n'être plus que des signes : au mépris d'un monde imprégné de tant de beauté.

Les miniatures qui font de la peinture persane l'égale des créations picturales chinoises et occidentales ont été peintes pendant une très courte période : environ cent soixante-quinze ans, entre les dernières années du quatorzième et le milieu du seizième siècle.

Si l'on remonte plus loin, *Varqa va Gulsha* (Bagdad entre 1200 et 1225) est sans doute, à cause des invasions et des destructions successives, le plus beau des très anciens manuscrits à peinture qui ont survécu. C'est une histoire d'amour triste, d'origine arabe, avec soixante et onze illustrations. Les peintures y occupent parfois jusqu'au tiers de la page. Elles ne créent pas d'espace, mais des surfaces : des bandeaux étroits et allongés, monochromes, de couleurs vives – mauve, bleu, or, rouge ou simplement blanc –, ornés de rinceaux à fleurs ou d'oiseaux et de figures en action richement habillées. Les images frappent par la dynamique de leur mouvement et la liberté de leurs couleurs – comme celles des chevaux : jaune, bleu, rouge, assez proche de ce que l'Europe a connu, à la même époque, avec les peintures romanes – mais aussi par leur monumentalité dans un petit format. Cette dernière particularité révélerait, d'ailleurs, des origines monumentales, remontant jusqu'aux

Sassanides, pour ce genre de peinture de manuscrit (Melikian-Chirvani).

Les premières illustrations de l'épopée persane – ce qu'on appelle *Les Petits Shah nameh* – semblent continuer, par certains aspects, la tradition de *Varqa va Gulsha,* avec, parfois, un dynamisme évident, un souffle épique et même fabuleux, mais dépourvu de « charme magique ». L'image y diffère encore totalement de ce que sera le monde de la miniature persane proprement dite. Elle occupe, dans la page verticale du texte, une petite section horizontale bien encadrée, tandis qu'ultérieurement le texte disparaît complètement, se réduit à quelques vers ou ne remplit plus qu'une partie de la surface, n'étant plus qu'un élément de l'image verticale, là où dans *Les Petits Shah nameh* l'image apparaît seulement comme un intervalle interrompant le texte et sert immédiatement à son « illustration ». Dans ces premières images, il s'agit d'exposition et non pas encore de récit : des figures et des signes décoratifs posés, de manière frontale, ou dans un face-à-face, sur un fond neutre ou colorié, rouge de préférence, sans création d'un univers imaginaire ni d'un espace, et dépourvu donc à la fois du monde spécifique de la miniature persane et de ses motifs reconnaissables. Entre les deux se produit un véritable changement de niveau. Dans *Les Petits Shah nameh,* l'action est exposée au centre d'une surface ornée de rares indications d'éléments de paysage extrêmement conventionnels, tandis que plus tard l'action s'intègre à tout un monde de paysage et d'architecture qui la dépouille de son importance et diminue qualitativement son impact.

L'action domine dans *Le Grand Shah nameh.* Tous les motifs de la miniature persane y sont présents mais pour créer une œuvre qui leur est totalement opposée. Ce que l'on a appelé parfois « le manuscrit le plus spectaculaire de toute la production islamique » aurait vu le jour en 1330 à Tabriz, vraisemblablement dans la bibliothèque de Ghiyath al-Din, le fils de Rachid al-Din qui avait – on y reviendra – un véritable sens de la grandeur pour avoir produit une monumentale *Histoire universelle.* Même si, comme dans *Les Petits Shah nameh,* les images, de format horizontal, sont encore une partie du texte – tandis que, plus tard, le texte raréfié fera partie de l'image, de format habituellement vertical –, les peintures du *Grand Shah nameh* ont une telle force qu'elles outrepassent les possibilités et les mesures d'une peinture de manuscrit et auraient dû aboutir à des peintures murales. Cependant, si les principes esthétiques de ce livre avaient prévalu en Iran, il n'y aurait jamais eu de « miniature persane », mais une tout autre peinture.

Ce qui, malgré la proximité de tous les motifs, distingue immédiatement leurs deux univers, c'est l'inversion des proportions dans les rapports entre les figures et les lieux, entre les hommes, le paysage et l'architecture. Dans le *Shah nameh de Tabriz,* les hommes sont plus grands, dans la miniature persane, ils seront infiniment plus petits que le lieu. Le monde de ce *Grand Shah nameh* est essentiellement un univers héroïque et épique, et les hommes et leurs actions y dominent. C'est un univers de mythe et d'histoire au présent. Bien que se référant à l'épopée ancienne, les images y seraient même directement en relation avec l'histoire des Mongols (Soudavar). On y entend les bruits et la fureur, on y voit le carnage du champ de bataille; les éclaboussures sanglantes des blessures infligées aux monstres provoquent des frissons d'horreur; et les images de la mort et du deuil expriment des douleurs hors mesure et frénétiques (R. Hillenbrand, *The Legacy of Genghis Khan,* 2002). Et entre ce monde épique et la paix et le silence de l'univers merveilleux et lointain du conte de la miniature persane, il existe la même différence de ton et de sens qu'entre l'épopée de Firdousi et la romance de Nizami, les deux auteurs privilégiés des peintres de miniature, qui vont jusqu'à « retraduire » l'épopée de Firdousi dans une tonalité de romance et de conte.

Dès les premières manifestations de la miniature persane, consacrées à la romance de *Homây et Homâyoun,* de Khadjou, et peintes à Bagdad, par Djoneyd en 1396, à l'époque du sultan Ahmad Jalayir, fervent amoureux des arts, c'est un tout autre univers qui apparaît, s'énonçant d'emblée comme l'image d'un jardin paradisiaque. Sous le patronage du même roi, semble-t-il, Mir Ali Tabrizi crée le *nasta'ligh,* la calligraphie spécifiquement iranienne de l'alphabet arabe: extrêmement délicate, fine et en harmonie avec le monde et l'art de la miniature persane.

Ainsi naît, comme par miracle, la « miniature persane » avec toutes ses particularités (Eleanor Sims, *Peerless Images,* 2002). La nouveauté, répétons-le, a pour essence de ne pas pouvoir être déduite de ce qui l'a précédée. Quelles qu'aient été ses origines, une nouvelle forme d'expression existe à partir du moment où elle a absorbé la multiplicité de toutes ses sources pour les métamorphoser en quelque chose de totalement autre, les intégrant dans sa propre cohérence et ses nécessités propres, en leur donnant les fonctions et le sens qui lui sont spécifiques.

Les miniatures ornent essentiellement les grands livres de la littérature persane et dépendent de son monde d'images et de métaphores. La grande époque de la miniature se situe, approximativement, entre la poésie lyrico-mystique de Hafez (mort vers 1390) – qui a fait de l'amour de la beauté, la teneur et à la fois le but de la réalisation formelle de l'œuvre, la plus belle sans doute de toute la poésie persane – et les fables de Djâmi (mort en 1490) – qui sont plutôt des répétitions alambiquées des fables mystiques dans la manière d'Attâr (mort vers 1221) et de Nizami (mort vers 1210).

C'est dans cet entre-deux du culte de la beauté d'un Hafez et de la fable mystique d'un Djâmi que se crée l'esthétique de la miniature persane, et c'est dans cette vision qu'ont été transférés aussi bien le monde épique de Firdousi (940-1020) que le récit du voyage nocturne du Prophète au ciel qui ouvre le grand livre de Nizami. Il est essentiel de savoir, cependant, qu'il ne s'agit pas, en général, des créations poétiques contemporaines des peintres, mais d'une réappropriation et de « retraductions », dans une autre esthétique et une autre sensibilité, d'œuvres, comme celle de Firdousi, qui avaient une tout autre teneur et une autre tonalité et constituaient des univers sans commune mesure avec le culte de la beauté et la tonalité du conte de la miniature persane.

Si les plus belles de ces miniatures ont été réalisées dans les cours des Timurides et des Safavides, dominées entièrement par les soufis, très peu de miniatures sont directement de leur inspiration, avec le sens ésotérique exigeant une lumière nocturne. Seules exceptions, à Herat, certaines peintures de Bihzad (1460-1535), qui passait pour être égal et même supérieur à Mani, et qui a introduit les réunions soufies et la vie quotidienne dans l'univers merveilleux de la miniature. Il a remplacé le somptueux et l'éclat ostentatoire et symphonique des grands orchestres de couleurs de la tradition des Turkmènes de Tabriz, par un lyrisme raffiné, délicat et subtil, d'un quatuor à cordes hautement complexe, qui ne fascine plus immédiatement avec une impression éblouissante, mais captive par ses accords capiteux et fait pressentir, dans le visible même, le sens secret d'un infini spirituel. Dans ces peintures de Bihzad, le ciel est nocturne, rempli d'étoiles, ce qui ne change rien à la clarté de tout, mais il s'agit ici d'une lumière qui est intérieure à toute chose, comme un feu d'une ferveur intense, et ne semble pas avoir besoin de la lumière extérieure et de cet éclat éblouissant qui va encore dominer les enluminures des grands manuscrits royaux de *Shah nameh* et de *Khamseh* réalisés pour Shah Tahmasp, qui unifient à la fois l'héritage des Turkmènes et celui de Herat.

Une constance caractérise l'histoire de l'art et de l'esprit en Iran : les apports successifs venus de l'extérieur et métamorphosés en quelque chose d'éminemment iranien.

La cause immédiate, occasionnelle, de la naissance de la miniature persane a été l'existence des cours mongoles et ensuite turco-mongoles timurides en Iran. Cependant, si la conquête arabe de la Perse est devenue peu à peu, grâce à une forme iranisée de l'islam, partie intégrante de l'existence des Iraniens, l'invasion de Gengis Khan et à sa suite, en 1395-1400, celle de Timur ne sont considérées souvent que très négativement. Les Mongols semblent avoir seulement détruit la Perse, qui à l'époque avait des villes florissantes de plus de cinq cent mille habitants. Eux, et plus tard Timur, ont massacré des populations entières dès qu'une ville manifestait la moindre velléité de résistance et ne les accueillait pas à bras ouverts pour se soumettre. Les villes rasées et les tours de crânes continuent de provoquer l'horreur. Mais le fait historique majeur a été la conquête de l'Iran et la résistance des Arabes aux Mongols et à Timur. Le califat de Bagdad, auquel même les puissantes dynasties turques de l'Iran, les Ghaznévides (x^e^-xie siècles) et les Saldjuqides (XIe-XIIe siècles), avaient continué d'obéir nominalement, a disparu. Ainsi, le monde iranien a été définitivement séparé du monde arabe, ce qui a eu pour effet une culture, une politique et même une religion différente.

L'arrivée des Mongols a fait connaître aux peintres iraniens les techniques picturales chinoises. Les nomades mongols eux-mêmes avaient eu un goût prononcé pour l'ornement et, de très longue date, un artisanat de textiles et de tapis aux motifs géométriques très fins. Ils se sont rapidement persanisés en Iran, devenant musulmans, chi'ites même par moments, comme Uldjâytu Khodabandeh qui fit construire Sultâniyeh, au début du quatorzième siècle, le premier monument à coupole recouverte de faïence, avec le projet d'y faire transférer les tombeaux d'Ali et de ses descendants.

Auparavant l'architecture saldjuqide, la plus belle d'Iran, et un fleuron de l'art de bâtir, ne comportait que des ornements de brique et de stuc, parfois polychromes. Et de là venait aussi tout le danger : si, dans les grandes œuvres, les structures architecturales sont réaffirmées par l'ornement, dans les monuments tardifs et « flamboyants », l'ornement, devenu prolifique, se complique, se libère de la structure, constituée pourtant par les mêmes briques. Cela fragilise et mine la structure – du moins c'est l'idée qui s'en dégage – parce que l'ornement, jouant contre la matière, semble nier le matériau et, par là même, déstabilise la structure. La même prolifération et surcharge se produit avec les ornements en stuc. Ainsi, les briques glaçurées ilkhanides et surtout timurides apparaissent comme une nécessité : l'azur du ciel, la lumière, les couleurs et les motifs se libèrent entièrement de toute visée structurelle, fonctionnelle et matérielle. Tout cela existe sans doute, mais grâce à ces revêtements, la matérialité est, dans l'apparence, métamorphosée en un « impondérable », beau, joyeux, lumineux, paradisiaque et céleste. Et les structures architecturales semblent ainsi disparaître, dans l'extase des couleurs et des lumières des faïences. Cette perfection paradisiaque que les Safavides réaliseront à Ispahan a ses origines dans la Samarkand de Timur (mais cette ville avait été iranienne), et dans les mosquées construites par sa bru, Gowharshad, à Mechhed et à Herat.

Avant leur arrivée en Perse, les Timurides, qui en tant que soldats restaient fidèles aux croyances des Mongols, étaient déjà musulmans, extrêmement liés au soufisme. Et même le père de Timur avait quitté sa fonction de chef de clan pour prendre l'habit du derviche. Ils avaient aussi pour langue celle des Ouïgours, qui avaient eu, pour un temps, le manichéisme, avec son culte de la beauté et de la lumière, comme religion d'État. Ainsi, c'est dans un contexte très complexe que se développe la miniature persane, qui provient d'une profonde symbiose entre les Mongols, les Timurides et le monde iranien, car il suffit de se tourner vers les Mongols en Chine, ou plus proches de l'Iran, les Mongols timurides de l'Inde, pour que la réalité soit très différente.

Lorsque les héritiers de Gengis Khan se partagent son empire, Kubilay Khan devient l'empereur de Chine, et à la suite de Hûlagu, les Ilkhanides règnent sur les différentes provinces de l'Iran. Les Mongols reprennent la tradition chinoise à Pékin et celle de la Perse en Iran. Kubilay Khan, s'il ne rétablit pas complètement les académies de peinture qui avaient existé en Chine, tient à sauvegarder les collections et les bibliothèques impériales. Afin de l'imiter et de rivaliser avec lui, les Mongols de Perse créent aussi des « bibliothèques ». La plus célèbre est celle du grand vizir Rachid al-Din, médecin juif converti à l'islam, mais moins sectaire que son maître Ghâzân Khan, Ilkhan mongol devenu nouveau croyant.

Autour de 1300, Tabriz était l'une des plus grandes capitales du monde, un centre multiculturel d'une importance politique et commerciale évidente, reliant l'Europe et l'Asie de l'Est : officiels chinois, missionnaires chrétiens, diplomates et marchands de toutes les contrées s'y côtoyaient. C'est là que Rachid al-Din – qui aura la tête tranchée comme souvent les grands commis d'État en Orient – avait réuni des savants et des artisans de toute part : Perses, Mongols, Chinois, Mésopotamiens, chrétiens de Byzance, dans l'entreprise colossale de la production d'un *Compendium des chroniques* ou *Histoire universelle,* qu'il voulait éditer en plusieurs exemplaires en persan et en arabe. Avec une équipe disparate, de toute provenance, mais en leur imposant une unité, Rachid al-Din désirait, en quelque sorte, avec son *Compendium,* recommencer, très métaphoriquement parlant, Persépolis (qu'il ne connaissait probablement pas), mais cette fois-ci dans la tradition du livre et à la gloire des Ilkhans! Cette somme remonte aux origines du monde, aux prophètes de la Bible, aux histoires et religions de tous les peuples connus, Indiens, Chinois, Francs, aux rois de Perse d'avant l'invasion arabe, et depuis le Prophète jusqu'à la fin du califat, destiné à être anéanti par les Mongols, qu'on voit peu à peu apparaître sur la scène de l'histoire et triompher dans tous les combats. *Le Compendium des chroniques* de Rachid al-Din retrace l'histoire des Mongols et de leur engagement pour l'héritage culturel de l'Iran (R. Hillenbrand, *The Legacy of Genghis Khan,* 2002).

Étant une « histoire du monde », *Le Compendium* se doit d'être « documenté », « véridique » : on y voit donc l'emprise totale du texte sur les images. De format allongé et souvent étroit, celles-ci sont plutôt des dessins rehaussés de couleurs qui se répartissent dans des contours nettement tracés au noir, dans un mélange où, malgré l'apport byzantin, prédomine la tradition chinoise de la calligraphie. La précision illustrative, le peu d'importance des couleurs et le privilège donné aux actions séparent radicalement ce livre de la « miniature persane » qui, par sa tonalité de fiction, invite le spectateur à « suspendre son incroyance » en lui ouvrant les portes de la méditation, de l'imaginaire et de la fantaisie, même lorsque certaines miniatures se réfèrent à la réalité triviale ou à des événements historiques précis. Dans *Le Compendium des chroniques,* la fable devient de l'histoire, mais avec la miniature persane l'histoire se métamorphose en fable. Comme on le voit déjà dans le passage de cette *Histoire universelle* au *Shah nameh de Tabriz* commencé peut-être sous Ghâzân Khan et Rachid al-Din et terminé à l'époque de leurs fils : Uljdâytu et Ghiyath al-Din. Mais même ce *Grand Shah nameh* – qui a déjà été évoqué plus haut – reste encore loin de la « miniature persane » proprement dite, dont les rudiments semblent être apparus, selon un peintre et historien ancien, sous Abou Sa'îd, le dernier des Ilkhans, vaincu par les Jalayirides.

Donc pour les Mongols de Perse, il ne s'agissait pas seulement de rivaliser avec les empereurs de Chine en créant des bibliothèques : il leur fallait se donner une légitimité en tant qu'héritiers des rois de Perse. Car équivalent du mythe de l'empereur en Chine, il existait le mythe royal de la Perse ancienne. Ainsi, déjà les Sassanides avaient fait sculpter la scène de leur investiture à côté des tombeaux achéménides (comme le feront plus tard, mais dans le registre du comique involontaire, les Qadjars). Et dès les premières velléités de la renaissance nationale iranienne, de sa langue et de sa littérature, après la conquête arabe, avec les Samanides (874-999), à Boukhara en Transoxiane, il y avait eu la volonté de se relier aux rois de Perse et, pour cela, de recueillir leurs mythes et leurs histoires. Ce qui avait abouti au *Shah nameh* de Firdousi, agréé par un sultan ghaznévide qui, bien que d'origine turque, se voulait lui aussi l'héritier des rois de Perse. C'est dans le même esprit que les Mongols et les Timurides, après avoir pris possession de l'Iran en le dévastant, ont cherché à s'autolégitimer en ordonnant, chacun à tour de rôle, une copie enluminée du *Shah nameh* et ensuite seulement des copies d'autres livres de la littérature persane.

Le livre enluminé, exaltant la splendeur royale, devient ainsi le moyen de légitimation « intérieure » à l'usage des rois, des ambassadeurs et de l'élite des cours, et il diffère, dans sa fonction, des grandes constructions de mosquées ou d'autres édifices purement religieux destinés au peuple et au public en général (A. Soudavar, *Art of the Persian Court,* 1992 ; T. W. Lentz & G. D. Lowry, *Timur and the Princely Vision,* 1989 ; E. Bahari, *Bihzad,* 1996).

Les Timurides turco-mongols – Shâhrokh, Bâysonghor, Hosayn Mirza Bâyqarâ – font de l'esthétique une nécessité de stratégie impériale, ils comprennent rapidement que la prouesse culturelle peut se transformer en prouesse politique et l'art remplacer l'idéal militaire en rendant manifeste leur pouvoir. Cette aspiration à être les héritiers de l'Empire perse, ils la réalisent à travers la culture : la littérature persane et les livres enluminés, un univers visuel d'images, d'objets et de monuments, démontrant leur grandeur et leur qualité, créent un royaume idéal, irréel et séparé, dans lequel ils se voient les héritiers de la tradition de la Perse ancienne. Et ce monde irréel de la culture, l'un des plus beaux et des plus raffinés qui soient – que, par la suite, les Safavides en Iran, les Mongols en Inde, les Ottomans à Istanbul et les Ouzbeks à Samarkand essaieront d'imiter – finira par perdre les Timurides, plus attachés à des réunions artistiques, musicales et littéraires qu'à la stratégie et à la guerre. Intimement convertis au soufisme, dont l'un des grands représentants, Djâmi, vit à leur cour, les Timurides considèrent le monde visible comme un mirage, quelque chose d'essentiellement inexistant par lui-même, qui reflète seulement la réalité divine. Et c'est cela qu'on perçoit dans les miniatures.

Les Timurides seront vaincus par Isma'ïl le Safavide (1510), qui sera à la fois soufi, guerrier et royal. Il fera venir Bihzad à Tabriz (1522), fier de se dire honoré de sa présence comme grand maître de sa bibliothèque. Le vieux Bihzad, pense-t-on, dirigera le projet du plus somptueux des livres enluminés de l'Iran, le *Shah nameh* réalisé pour Shah Tahmasp, qui lui-même avait fait des séjours à Herat et appris l'art de la miniature sous la direction de Bihzad. Et ce « Livre royal des rois », comme on l'a nommé, Shah Tahmasp, devenu dévot et vieux, l'enverra, semble-t-il, comme cadeau d'investiture à un roi ottoman.

À côté des grands livres de Shah Tahmasp, l'apogée de ce qui s'était préparé à Herat sous les Timurides, la tradition de la miniature persane a continué, en Iran, certes, mais aussi en dehors des provinces de l'Iran, partout où la langue et la littérature persanes étaient restées la langue de la culture : à Herat même, à Samarkand chez les Ouzbeks, à Istanbul sous les Ottomans, pour ne pas rappeler les Mongols de l'Inde qui ont créé leur propre forme de miniature. Après ce moment culminant des livres de Shah Tahmasp où un art a atteint sa perfection, sa beauté merveilleuse et le maximum de sa possibilité, à la limite de la virtuosité, il ne pouvait se produire que la répétition, la dégradation des formules et la décadence. Il est difficile de conjecturer sur les causes de celle-ci, mais on peut voir un changement des fonctions de la miniature, de sa teneur et de sa technique.

Les grands maîtres disparaissent l'un après l'autre : Bihzad, Sultan Muhammad, Agha Mirak. Mais ce n'est pas seulement pour cela que Shah Tahmasp va se détourner de la peinture. En 1534 et surtout en 1555, avec tous les grands de sa cour, Tahmasp « se purifie dans l'eau de la repentance », rejette les plaisirs mondains, congédie son amour de la peinture et ses peintres, qui seront obligés de trouver refuge dans d'autres cours. Le tournant essentiel est donc d'ordre politique et religieux : dans le processus même de l'affirmation du pouvoir des Safavides, un dynamisme messianique et mystique se métamorphose en une visée impériale et normative. Shah Isma'ïl, voulant créer un contre-pouvoir face aux sultans-califes ottomans, impose de force l'imâmisme comme religion d'État en Iran, dans un objectif essentiellement politique et national. Auparavant, le chi'isme avait été un courant plus ou moins ésotérique et souterrain. Maintenant pour l'instaurer en religion officielle, on est obligé d'importer des docteurs de la Loi de l'étranger, qui finissent par imposer leur pouvoir. Il se produit ainsi le passage d'une vision mystico-extatique à une version légaliste d'une religiosité aux teintes funèbres, stricte et conservatrice, ennemie des mystiques.

Si les livres enluminés avaient eu pour fonction de légitimer les cours royales mongoles et timurides pour en faire les héritières de la tradition royale des Perses, il est probable qu'une fois installés véritablement en position incontestée de roi, en tant que première dynastie d'origine persane régnant sur la totalité de l'Iran intérieur, depuis les conquêtes arabes et mongoles, les rois safavides n'avaient plus besoin de cette légitimation. Isma'ïl et Tahmasp, en guerre perpétuellement, n'avaient pas eu le temps d'entreprendre de grands monuments. En construisant Ispahan, Shah Abbâs, qui invita des peintres occidentaux pour orner son palais, pouvait parfaitement se passer désormais du paradis imaginaire des miniatures persanes, car il avait réalisé l'utopie du « royaume de Dieu sur terre » : toute la ville même rendait manifeste sa puissance royale, tandis que ses mosquées reflétaient le paradis de Dieu. Les Safavides entrèrent rapidement en décadence, et dans un contexte mondial de plus en plus dominé par l'Occident, les rois de Perse perdirent toute idée de grandeur et même les monuments d'Ispahan faillirent, avec le temps, tomber en ruine.

Mais si, extérieurement, l'absence des fonctions de légitimation royale a diminué la grandeur de la miniature persane, de manière interne sa décadence tient essentiellement à la prédominance d'une forme édulcorée du soufisme. En ne voulant plus voir dans cette mystique qu'une pensée de l'amour – qui considérait l'amour et la beauté humaine non seulement comme un chemin mais comme identiques et équivalents à l'amour divin –, ce soufisme a réduit ce qui était, à l'origine de la miniature persane, la beauté du monde comme le miroir de la lumière divine, à l'image d'un couple ou d'une seule personne, en général le minois et la taille d'un joli garçon, et quelquefois d'une jolie fille, une coupe de vin à la main, accompagné par un homme plus âgé, et parfois un vieillard, poète ou soufi, une carafe de vin, le cou bien en évidence, sous le bras.

Il y avait toujours eu tradition et répétition dans la miniature persane, comme dans tous les arts traditionnels, y compris dans la peinture de paysage chinoise ou dans la poésie et la musique iraniennes. Un ensemble de motifs, de techniques, d'idées, de conventions se répétait de maître en maître, et en ce qui concerne la miniature, de bibliothèque en bibliothèque, dans la succession des guerres et des dynasties. Sultan Ahmad Jalayir avait accueilli à Bagdad et à Tabriz l'héritage des Ilkhans ; Bâysonghor avait réuni à Herat les peintres du sultan Ahmad Jalayir et ceux qui avaient travaillé sous les premiers Timurides à Chiraz ; Tahmasp, à Tabriz, avait rassemblé les peintres qu'il avait connus dans son enfance à Herat et recueilli l'apport des cours turkmènes du nord de l'Iran où son orphelin de père avait grandi – avant de disperser tous les peintres...

Toujours, dans les arts et la poésie traditionnels, c'est la capacité de faire vivre les conventions en leur donnant une âme qui différencie les génies et ceux qui, appliquant les conventions, les transforment en défroques vides. Après les grands livres de la bibliothèque de Shah Tahmasp – et même dans les dernières peintures de son *Shah nameh,* cela est plus qu'évident –, il n'y a plus eu de génie dans la miniature persane.

La chute commence déjà avec *Haft Awrang,* poème de Djâmi, copié pour Sultan Ibrahim Mirza, neveu et gendre de Tahmasp : la magnificence et la splendeur s'y transforment en « joliesse », en virtuosité maniériste, parfois mignarde ou simplement mièvre. Le *Shah nameh* de Shah Isma'ïl II n'est plus que « monumental et expressionniste » (Melikian-Chirvani). Lorsqu'on quitte les chefs-d'œuvre pour la « monumentalité » des motifs, l'événement s'impose au détriment des détails indépendants qui créaient l'*imago mundi,* la complexité et le charme magique disparaissent, les figures deviennent plus importantes que le lieu et toute la finesse et l'harmonie des couleurs s'évanouissent ou s'exacerbent en une expressivité criarde. De plus en plus, la perte du sens véritable de la « miniature persane » la réduit à l'« imagerie » ; l'appauvrissement des techniques s'accompagne de velléités « réalistes » qu'on croit découvrir dans les « peintures à l'occidentale » qui décorent de plus en plus les murs des palais. Cela aboutit, à l'époque des Qadjars, aux tableaux à l'huile qui auront le charme irréel de leur propre naïveté : roi, princes, princesses et danseuses en marionnettes aux yeux alanguis, et couverts des pieds à la tête de bijoux et de pierres précieuses. En même temps, l'art de la peinture sur papier mâché, souvent en forme de boîtes et surtout de « plumiers », se dégrade : les images deviennent de véritables « miniaturisations » – dans le sens diminutif et péjoratif de ce terme – de peintures qui exigeraient de grandes fresques. La « miniature persane » a fait son temps et n'est plus que produit de bazar.

Il reste, bien sûr, encore des réminiscences : le jardin, l'eau, un arbre en fleur ou surtout un cyprès, et une technique de plus en plus attachée à la joliesse de l'échanson et des fleurs, ou simplement maladroite dès qu'il s'agit de quelque chose de plus complexe. Ainsi, la miniature persane, qui par ses racines dans la pensée mystique avait été un miroir des couleurs et de la lumière de l'univers, a survécu à elle-même en se réduisant à la répétition de quelques clichés.

« Chose étrange, chose incroyable, je ne sais pourquoi le motif de mes compositions n'a jamais varié. Je dessinais, toujours, un cyprès au pied duquel était accroupi un vieillard, voûté, pareil aux yogis de l'Inde. Drapé dans un aba, la tête entourée d'un turban, il tenait son index gauche sur ses lèvres, immobilisé dans un geste qui exprimait l'étonnement. Face à lui, une jeune fille de noir vêtue se penchait pour lui offrir une fleur de capucine : un ruisseau les séparait. Avais-je déjà contemplé cette scène ? M'avait-elle été suggérée en rêve ? Je l'ignore. Mais je sais seulement que je ne peignais jamais autre chose. Machinalement ma main traçait ce tableau. Le plus bizarre, c'est qu'il trouvait des amateurs… », écrivait Sadegh Hedayat dans *La Chouette aveugle* (Corti, Paris, 1952, p. 28-29), l'histoire d'un peintre de « plumier », le récit étrange de la rencontre de cette image, qui vient d'un monde éthéré, merveilleux, immémorial et oublié, avec l'ombre et l'obscurité nocturne d'une réalité historique devenue différente.

Du même auteur

D'une image à l'autre : la nouvelle modernité du cinéma, Denoël, 1982.

Visconti : le sens et l'image, La Différence, 1984, 2006.

Cinéma contemporain : de ce côté du miroir, La Différence, 1986.

Aux origines de l'art moderne : le Manet de Bataille, La Différence, 1989, 1995, 2002.

Paul Nizan : l'écrivain et le politique entre les deux guerres, Le Sycomore, 1980, La Différence, 1990.

Elias Canetti : métamorphose et identité, La Différence, 1990.

Tombeau de Sadegh Hedayat, Fourbis, 1991, Farrago, 1999.

Seurat : la pureté de l'élément spectral, L'Échoppe, 1992.

Formes de l'impermanence : le style de Yasujiro Ozu, Yellow Now, 1994, Farrago/Léo Scheer, 2002.

Opéra et théâtre dans le cinéma d'aujourd'hui, La Différence, 1995.

Poussin, là où le lointain..., mythe et paysage, L'Échoppe, 1996.

Le Cinéma, Flammarion, « Dominos », 1996, 2001, Farrago, 2006.

Chohreh Feyzdjou : l'épicerie de l'apocalypse, Khavaran, 1998.

Courbet : le portrait de l'artiste dans son atelier, L'Échoppe, 1998.

Archéologie du cinéma et mémoire du siècle, avec Jean-Luc Godard, Farrago, 2000.

Le Réel, face et pile : le cinéma d'Abbas Kiarostami, Farrago, 2001.

Orson Welles cinéaste : une caméra visible (3 volumes), La Différence, 2001.

Morandi : lumière et mémoire, Farrago/Léo Scheer, 2001.

Satyajit Ray : l'Orient et l'Occident, La Différence, 2002.

Rothko, une absence d'image, lumière de la couleur, Farrago/Léo Scheer, 2003.

Rauschenberg, le monde comme image de reproduction, Farrago/Léo Scheer, 2003.

Proche et lointain, Farrago/Léo Scheer, 2004.
Staël : la peinture et l'image, Farrago/Léo Scheer, 2003.
Historicité du cinéma, Farrago, 2004.
Marx à la chute du communisme, Farrago, 2005.
Tàpies, Temps et matière, Hazan, 2006.
Arbres, Photographies, Farrago, 2006.
Grèves, rocs et mer, Photographies, Farrago, 2006.
Kiarostami, le réel face et pile, Circé, 2007.
Duchamp romantique, méta-ironie et sublime, L'Attente, 2008.

Collection Verdier/poche

Les décisions doctrinales du Grand Sanhédrin
réuni sous les auspices de Napoléon le Grand
Le Dit de Hôgen. Le Dit de Heiji
Jacob ben Isaac Achkenazi de Janow – Le Commentaire sur la Torah
Mohammad Ali Amir-Moezzi – Le Guide divin dans le shi'isme originel
Paul Audi – Rousseau : une philosophie de l'âme
Bashô – Friches
José Bergamín – La Solitude sonore du toreo
Pierre Bergounioux – Les Forges de Syam
Jean Bollack – Parménide
Varlam Chalamov – Les Années vingt
Michèle Desbordes – La Robe bleue
Josy Eisenberg / Adin Steinsaltz – Le Chandelier d'or
Armand Gatti – Le Poisson noir. Un homme seul
Carlo Ginzburg – Le Juge et l'Historien
Benjamin Fondane – Le Mal des fantômes
Benjamin Fondane – Écrits pour le cinéma
Hâfez de Chiraz – Le Divân
Rabbi Haïm de Volozine – L'Âme de la vie
Jean-Baptiste Harang – Prenez un coq
Hugo von Hofmannsthal – Le Lien d'ombre
Alain Lercher – Les Fantômes d'Oradour
Jean-Yves Masson – Hofmannsthal, renoncement et métamorphose
Maïmonide, Rachi... – Commentaires du Traité des Pères
Henri Meschonnic – Célébration de la poésie
Henri Meschonnic – Critique du rythme
Pierre Michon – L'Empereur d'Occident
Jean-Claude Milner – L'Amour de la langue
Jean-Claude Milner – Les Noms indistincts
Jean-Claude Milner – Le Périple structural
Jean-Claude Milner / François Regnault – Dire le vers
Alain Montcouquiol – Recouvre-le de lumière
Nahmanide – La Dispute de Barcelone
Jan Patočka – Essais hérétiques
Jean-Pierre Richard – Nausée de Céline
Jean-Pierre Richard – Chemins de Michon
Mario Rigoni Stern – Histoire de Tönle
Rainer Maria Rilke – Chant éloigné
Rainer Maria Rilke – Requiem
Judith Schlanger – La Mémoire des œuvres
Gershom Scholem – Sabbataï Tsevi
Giani Stuparich – L'Île
Giacomo Todeschini – Richesse franciscaine
William Butler Yeats – Derniers poèmes

Cet ouvrage a été achevé d'imprimer en janvier 2009
dans les ateliers de Normandie Roto Impression s.a.s.
61250 Lonrai
N° d'imprimeur : 090263
Dépôt légal : janvier 2009

Imprimé en France